CATALOGUE

DE LA

TRÈS-BELLE COLLECTION

D'ESTAMPES

ANCIENNES

Provenant du Cabinet de M. D.-G. de A...

DONT LA VENTE AUX ENCHÈRES PUBLIQUES AURA LIEU

HOTEL DES COMMISSAIRES-PRISEURS

Rue Drouot, n° 5

SALLE N° 4, AU 1er ÉTAGE

LE LUNDI 11 MARS 1861 & JOURS SUIVANTS, A UNE HEURE

Par le ministère de Me **DELBERGUE-CORMONT**, Com.-Priseur,
rue de Provence, 8,

Assisté de **M. CLEMENT**, Marchand d'Estampes de la Bibliothèque
impériale, 3, rue des Saints-Pères,

Chez lesquels se distribue le présent Catalogue.

EXPOSITION PARTICULIÈRE

Le Samedi 9 Mars 1861, de une heure à cinq heures.

EXPOSITION PUBLIQUE

Le Dimanche 10 Mars 1861, de une heure à cinq heures.

PARIS

RENOU & MAULDE

IMPRIMEURS DE LA COMPAGNIE DES COMMISSAIRES-PRISEURS
RUE DE RIVOLI, 144.

1861

CONDITIONS DE LA VENTE

Il sera perçu CINQ pour cent en sus des enchères.

Un ordre de vacation sera ultérieurement distribué.

LE CATALOGUE SE DISTRIBUE

A Paris	chez MM.	DELBERGUE-CORMONT, C^{re}-Priseur, rue de Provence, 8.
—	—	CLEMENT, rue des Saints-Pères, 3.
A Londres.........	—	COLNAGHI et Cie, Marchands d'Estampes.
—	—	GRAVES et Cie, Id.
—	—	EVANS et fils, Id.
A Amsterdam......	—	BUFFA et fils, Id.
A Leipzig	—	R. WEIGEL, Id.
A Vienne.........	—	ARTARIA et Cie, Id.
A Liége...........	—	VAN MARCK, Id.

Nous n'avons pas besoin de louer la collection d'estampes que nous mettons en vente.; tous les amateurs l'ont vue se former, et tous connaissent la passion avec laquelle M. D. G. de A. rechercha les pièces rares, les morceaux précieux, ne reculant devant aucun sacrifice d'argent, lorsqu'une estampe se faisait remarquer par sa beauté et sa conservation. Non content de grossir ses cartons des pièces les plus splendides qui se vendaient en France, cet ami de l'art ravit à l'Angleterre, à l'Allemagne et à l'Italie nombre d'estampes merveilleuses. Aussi rencontre-t-on répétés à chaque page de ce catalogue les noms des plus célèbres collections de l'Europe : Mariette, Durand, Denon, sir Master Sykes, William Esdaile, Aylesford, Maberly, Robert Dumesnil, Debois, de Fries, Peter Lély, de Lasalle, de Férol, Festetiz et Weber.

Les estampes qui composent cette collection sont presque exclusivement celles des peintres, M. D. G. de A. ayant compris, dès le premier jour qu'il colligeât, la distance qu'il y a entre les gravures émanant directement de l'artiste qui y met son âme et celles, peut-être plus soigneusement exécutées, de ces traducteurs qui ne reproduisent jamais qu'avec froideur des chefs-d'œuvre.

Toutes les écoles sont ici représentées, sinon en

leur entier, du moins par ces maîtres primesautiers
qui seuls comptent vraiment dans l'histoire de l'art
qu'ils résument. Un simple énoncé des pièces princi-
pales qui figurent dans ce volume mettra les amateurs
à même de juger la diversité et la richesse de cette
collection, l'une des plus importantes qui aient été
mises en vente depuis longtemps. Pour plus de clarté,
nous procéderons par école.

Les peintres français sont ceux qui occupent le
moins de place dans ce cabinet, mais il est juste
aussi de dire que peu, parmi les plus célèbres,
ont manié la pointe. Cependant, nous pouvons signaler de Jean Duvet plusieurs pièces curieuses et remarquables, de Nanteuil ses beaux portraits du *Pomponne*
et du *cardinal de Retz*, et de Morin son chef-d'œuvre,
le portrait de *Bentivoglio*. Enfin, les amateurs trouve-
ront ici l'œuvre presque complet de Claude Lorrain,
le premier d'entre les paysagistes de style. Parmi
ses belles eaux-fortes, nous pouvons appeler leur attention sur le *Troupeau à l'abreuvoir*, le *Berger et
la Bergère conversant*, l'*Enlèvement d'Europe*, toutes
épreuves de premier état provenant de la collection
W. Esdaile, et nous mentionnerons encore ces morceaux célèbres sous les titres du *Soleil couchant*, du
Bouvier et du *Troupeau en marche*.

L'école italienne, bien qu'imparfaitement représentée, est plus riche que celle de notre pays. Baldini,
Campagnola, Benedetto Montagna, Nicoletto de Mo-
dène, le Maître au Caducé, le Maître de l'an 1515 et
le prince des graveurs italiens Mantègna ont ici de

beaux spécimens de leur talent. Marc-Antoine, qui est peut-être de tous les interprètes celui qui comprit le mieux le but de la gravure, sans jamais le dépasser, figure dignement dans cette collection et sous des aspects variés. Parmi les sujets religieux qu'il tailla dans le cuivre d'après Raphaël, nos cartons contiennent de magnifiques épreuves de *N. S. J.-C. chez Simon le Pharisien*, de la *Vierge assise sur les nues*, et de la pièce dite *des cinq Saints* ; puis une magnifique estampe d'après Bandinelli, *le Martyr de saint Laurent*, provenant de la collection Peter Lély. La mythologie est représentée par une *Cléopâtre* et par le *Parnasse*, deux des plus admirables compositions de Raphaël ; et enfin, la classe des sujets allégoriques et profanes a des pièces remarquables par leur conservation et leur beauté : le *jeune Homme portant une lanterne*, la suite *des Vertus*, impossible à rencontrer plus parfaite et plus égale de ton ; *la jeune Mère s'entretenant avec deux hommes*, d'après Francia, et l'*Homme endormi à l'entrée d'un bois*. Nous terminerons cette longue énumération en recommandant à l'examen des amateurs une pièce peut-être unique, que Bartsch n'a pas connue et qui représente *Lucrèce prête à se percer le sein*. Cette estampe, rarissime et fort belle, provient de la collection de sir Master Sykes.

Les maîtres naïfs de l'Allemagne semblent avoir eu pour M. D. G. de A. un charme tout particulier ; aussi, les estampes de ces graveurs anonymes, qui manquent à toutes les collections, se trouvent-elles ici en assez grande quantité et toutes d'une beauté si exceptionnelle qu'il nous faudrait répéter en entier les numéros du catalogue qui se rapportent à ces maîtres. Pour ne pas être trop long, nous ne rappellerons en ce lieu que les pièces les plus saillantes : *la Vierge assise*, du maître à l'Ancre, épreuve d'un premier état, non décrit ; *un Intérieur de chapelle*, du maître W ♀, *un Rinceau d'ornement*, du maître de 1466, une suite de *la Passion*, du maître S, une *Pieta*, du maître B. M., toutes estampes inconnues de Bartsch.

Les grands maîtres de l'art allemand ont, dans ce recueil, une large part. Martin Schongauer y compte quarante-cinq pièces, et Albert Durer son œuvre presque complet. Parmi les estampes du maître de Colmar, nous signalerons : *l'Annonciation*, la suite des *Vierges folles*, *N. S. J.-C. en croix*, le *Saint Antoine*, payé en vente publique 2,500 fr., *la Flagellation*, *le Couronnement d'épines*, *le Lavement des mains*, et surtout la *Mort de la Vierge*, la plus belle épreuve connue de ce chef-d'œuvre. Ces quatre dernières pièces sont des premiers états mentionnés pour la première fois par M. Emile Galichon dans une *Vie de Schongauer*, publiée par la *Gazette des Beaux-Arts*. Dans l'œuvre d'Albert Durer, on remarquera : *l'Adam et Ève*, admirable épreuve payée 1,505 fr. à la vente de Férol ; plusieurs *Vierges* ; *la Sainte Famille*, gravée à l'eau-forte, pièce rare avec des barbes abondantes ; les *cinq Apôtres*, les *trois Génies*, *l'Effet de la jalousie*, la *grande Fortune*, le portrait de *Mélanchton* et celui d'*Erasme*, acquis au prix de 700 fr. à la vente de Férol.

Les écoles Hollandaise et Flamande sont les plus

importantes par le nombre comme par la qualité des morceaux qui les composent. Les graveurs primitifs de ces contrées sont représentés par Du Hamel, de qui on trouvera son *Jugement dernier*, pièce de la plus haute curiosité et de la plus grande rareté, par le maître à l'écrevisse, qui a une splendide épreuve de la *Purification de la Vierge*, provenant de chez Wilson et W. Esdaile, par le maître à la navette, de qui se voit une merveilleuse épreuve du *Calvaire*, et, enfin, par Lucas de Leyde, le plus fort des peintres-graveurs de ces pays, à cette époque. De ce maître qui, sous certains rapports, dépassa Albert Durer, M. D. G. de A. a réuni dans sa collection trente-huit pièces; plusieurs sont de toute beauté : *David jouant de la harpe devant Saül, le Couronnement d'épines, la Conversion de saint Paul*, l'un des chefs-d'œuvre du maître, *le Poëte Virgile dans un panier, Mars, Vénus et l'Amour*, sont des épreuves qui ne laissent rien à désirer. Après la mort de ce célèbre peintre, la gravure devint, en ces contrées, la propriété presque exclusive de praticiens plus ou moins habiles, et ce n'est guère qu'au xviie siècle qu'elle brilla d'un éclat tout nouveau, sous la puissante impulsion de Paul Potter, de Ruysdaël, de Van Dyck, et surtout de Rembrandt, le premier qui tenta de faire avec l'eau-forte une œuvre accomplie.

La Hollande et les Flandres virent à cette époque fleurir une multitude de graveurs habiles et spirituels, que les amateurs retrouveront dans ces cartons. Qu'il nous suffise de citer entre tous Thomas Wyck, A. Van de Velde, Everdingen, et Berghem qui y figure avec de magnifiques épreuves du 1er état, de *la Vache qui s'abreuve* et des *Trois Vaches au repos*, et arrivons aux grands maîtres de la gravure à l'eau-forte pour ne point allonger démesurément cette notice.

Toutes les estampes de Ruysdaël, réunies par M. D. G. de A., sont de première qualité et d'une rareté excessive. Cet amateur est parvenu, ce qui est à peine croyable, à posséder *le Petit-Pont, les Deux Paysans avec leur chien* et *le Bouquet de trois chênes*, trois pièces à l'eau-forte pure; *le Champ bordé d'arbres*, du 1er état, et *les Voyageurs*, avant le ciel, avec des retouches au pinceau, très-probablement de la main du maître.

L'œuvre d'Ostade, presque complet et fort beau, compte des pièces rarissimes : *la Poupée demandée, l'Homme et la femme marchant ensemble, l'Homme conversant avec la femme, le Charcutier*, épreuves d'eau-forte pure, et *la Chanteuse*, pièce presque unique avant les planches sous la table, le nom et le fond.

Van Dyck est un des maîtres les mieux représentés dans cette collection; les amateurs y admireront les magnifiques épreuves du *Christ au roseau*, provenant des cabinets Boulle et H. de Lasalle, les admirables portraits de *Breughel*, de *Le Roy*, de *Momper*, de *Pontius*, de *Snyders*, de *Vostermans*, de *Vos* et de *Wael*, tous aussi remarquables par leur beauté que par leur rareté.

Nous terminerons cette longue revue de pièces exceptionnelles par l'analyse de l'œuvre de Rembrandt, qui se trouve emplir, dans notre Catalogue, deux cent quatre-vingt-dix-sept numéros.

Parmi les nombreux portraits que ce peintre fit de lui-même, nous mentionnerons celui dans lequel il a orné son bonnet d'une plume et celui dit en ovale, duquel on ne connaît que quatre épreuves du 1er état. Les sujets de l'Ancien et du Nouveau Testament les plus remarquables, par la qualité des épreuves, sont : *l'Adam et Ève*, du cabinet Aylesford, *Joseph arcontant ses songes*, épreuve dite au visage blanc, *le Triomphe de Mardochée*, *la Circoncision*, d'un état inconnu à Claussin, *la Présentation au Temple*, *la Petite Tombe*, très-riche en barbes, *la Pièce de cent florins*, avec marges et portant de M. Robert Dumesnil cette précieuse annotation : *Je n'en connais point de plus belle*, *l'Ecce Homo*, avant les contretailles, *les Trois Croix*, de la plus grande rareté et de la plus exceptionnelle qualité, *le Bon Samaritain*, épreuve admirable avec la queue blanche, *Saint Pierre et saint Jean à la porte du Temple*, et enfin *le Saint François à genoux*, pièce rarissime et d'une beauté hors ligne. La classe des sujets allégoriques et historiques contient une *Médée*, du 1er état, sur papier du Japon, *le Cochon*, *le Chien endormi* et *la Coquille*. Dans les figures libres, on trouvera *le Lit à la française*, *la Femme devant le poêle*, du 2e état, *la Femme à la flèche*, *Jupiter et Antiope*. Les paysages sont en grand nombre et généralement de qualité supérieure; les raretés ne manquent point aussi et nous pouvons citer, parmi celles-ci, *le Grand arbre à côté de la maison*, *le Pont de Six*, *le Paysage au carrosse* et

le Paysage aux deux allées. Les belles estampes ap
partenant à ce genre, dans lequel Rembrandt excella,
sont également nombreuses, et nous relaterons ici *le
Paysage au bateau, la Chaumière entourée de planches, l'Obélisque,* et surtout *le Paysage aux trois
arbres,* de la collection Barnard et Aylesford. Entre
les portraits d'hommes, nous appellerons l'attention
des amateurs sur ceux de *Vander Linden,* de *Faustus,*
de *Clement de Jonghe,* d'*Abraham France,* de *Lutma,*
avant la croisée, *le Nègre blanc,* si difficile à rencontrer, et nous finirons cette longue nomenclature par
le Bourgmestre Six, payé cinq mille cinq cent cinquante francs à la vente de Férol,

Arrivé à la fin de ce travail, dans lequel nous au-
rions pu, outre mesure, accumuler les noms propres
et signaler bien d'autres pièces remarquables, qu'il
nous soit permis d'exprimer l'espoir que les amateurs
français ne laisseront pas aller à l'étranger les estampes capitales dont M. D. G. de A. a enrichi notre
pays.

DÉSIGNATION

DES ESTAMPES

—◦—

ALDEGRAVER (Henri)

Bartsch, Peintre-Graveur, tome VIII, page 362.

1 — Adam et Eve. (B. 11-12.)

Très-belles épreuves.

2 — La Vierge debout sur un croissant. (B. 50.)

Belle épreuve.

3 — Les quatre Évangélistes. Suite de quatre estampes. (B. 57-60.)

Très-belles épreuves. Deux portent la signature P. Mariette, 1669.

4 — La Nuit. Une femme nue endormie sur un lit, dans une attitude indécente. (B. 180.)

Très-rare et superbe épreuve portant la signature P. Mariette, 1674, provenant de la collection Gawet.

5 — Portrait de Albert Vander Helle. (B. 186.)

Très-belle épreuve.

6 — Dessin d'un poignard dans sa gaîne, enrichie de divers ornements. 1537. (B. 245.)

Superbe épreuve.

7 — Dessin grotesque où l'on voit un Trophée d'armes
surmonté d'une chauve-souris. (B. 282). Pièce
rare.
Très-belle épreuve.

ALTDORFER (ALBERT)

Bartsch, Peintre-Graveur, tome VIII, page 41.

8 — Repos en Egypte. (B. 5.)
Très-belle épreuve.

BALDINI (BACCIO)

Bartsch, Peintre-Graveur, tome XIII, page 164.

9 — Le Prophète David. (B. 6.)
Magnifique et très-rare épreuve du premier état.

10 — La Sybille delphique. (B. 37.)
Très-belle et rare épreuve provenant de la collection E. Durand.

11 — Vignette du 1er chant pour l'édition du Dante, faite
à Florence, en 1481, par Nicholo di Lorenzo della
Magna. (B. 37.)
Très-rare.

12 — Vignette pour le 11e chant. (B. 38.)
Très-rare.

BARBARY (JACQUES DE), dit le MAITRE AU CADUCÉE

Bartsch, Peintre-Graveur, tome VII, page 516.

13 — Judith. (B. 1.)
Très-belle épreuve d'une pièce très-rare.

14 — La Femme au miroir. (B. 12.)
Superbe épreuve tirée de la planche non ébarbée. (Collections
Storck de Milan, sir Master Sykes et W. Esdaile.

15 — Le Satyre jouant du violon. (B. 13.)

Superbe épreuve tirée de la planche non ébarbée, provenant de la collection de Férol, où elle a été vendue 370 fr.

16 — La Victoire. (B. 23.)

Superbe épreuve tirée de la planche non ébarbée.

BAROCHE (Barozio Frédéric, dit le)

Bartsch, Peintre-Graveur, tome XVII, page 1.

17 — L'Annonciation, d'après le tableau peint pour l'église de la Sainte Vierge de Loreto. (B. 1.)

Magnifique épreuve signée au verso P. Mariette, 1667.

18 — La même estampe.

Très-belle épreuve.

19 — La Sainte Vierge assise sur un nuage. (B. 2.)

Superbe épreuve.

BREENBERG (Bartholomée)

Bartsch, Peintre-Graveur, tome IV, page 159.

20 — Vue de la Tour Leonini, près de Frascati. (B. 9.)

Très-belle épreuve.

21 — Vue des Ruines du Colysée. (B. 10.)

Très-belle épreuve.

22 — Une jeune Femme devant trois Satyres. (B. 20.)

Superbe épreuve.

23 — Le Messager empressé. (B. 22.)

Très-belle et rare épreuve.

BEHAM (Barthélemy)

Bartsch, Peintre-Graveur, tome VIII, page 81.

24 — Judith. (B. 4.)
> Très-belle épreuve.

25 — Cléopâtre. 1524. (B. 12.)
> Première et très-belle épreuve avant l'année 1524.

26 — L'Avare. (B. 38.)
> Belle épreuve.

27 — Le Hallebardier à cheval. (B. 49.)
> Belle épreuve.

28 — Portrait de Charles V. (B. 60.)
> Belle épreuve.

29 — Portrait de Léonard d'Eckh. (B. 64.)
> Très-belle épreuve d'un portrait rare.

BEHAM (Hans-Sébald)

Bartsch, Peintre-Graveur, tome VIII, page 112.

30 — Adam et Eve, 1543. (B. 6.)
> Très-belle épreuve.

31 — Adam et Eve chassés du Paradis, 1543. (B. 7.)
> Superbe épreuve.

32 — Moïse et Aaron. (B. 8.)
> Très-belle épreuve. Rare.

33 — Judith. (B. 10.)
> Très-belle épreuve.

34 — La Vierge au Perroquet, 1549. (B. 19.)
> Superbe épreuve. Rare.

35 — Jésus-Christ et la Samaritaine. (B. 24.)
Très-belle épreuve.

36 — Tête de Christ, 1520. (B. 28.)
Belle épreuve.

37 — Le Sauveur. (B. 30.)
Superbe épreuve.

38 — Les douze Apôtres. (B. 43-54.) Suite de 12 estampes.
Magnifiques épreuves, très-égales de ton

39 — Les quatre Evangélistes. (B. 55-58.)
Superbes épreuves.

40 — Achille et Hector. (B. 68.)
Superbe épreuve.

41 — Cimon nourri par sa Fille. (B. 74.)
Superbe épreuve. (Collection Gawet.)

42 — Cimon nourri par sa Fille. (B. 75.)
Très-belle épreuve.

43 — Lucrèce. (B. 79.)
Superbe épreuve.

44 — Didon se donnant la mort, 1519. (B. 80.)
Magnifique épreuve d'un premier état inconnu à Bartsch, avant
que la planche ait été réduite.
Haut. 150 mill. Larg. 95 mill.

45 — Bustes de l'empereur Trajan et de Domitia Calvilla.
(B. 83, 84.)
Ces deux morceaux font pendants. Superbes épreuves.

46 — Le Jugement de Pâris. (B. 88.)

Magnifique épreuve.

47 — Le Jugement de Pâris, 1546. (B. 89.)

Très-belle épreuve d'une charmante pièce.

48 — Les Travaux d'Hercule. (B. 96-107.) Suite complète de douze estampes.

Très-belles épreuves d'un même tirage.

49 — Satyre jouant de la lyre. (B. 109.)

Belle épreuve.

50 — Le Satyre sonnant du cor. (B. 111.)

Belle épreuve.

51 — Léda. (B. 112.)

Très-belle épreuve.

52 — La Connaissance de Dieu et les sept Vertus chrétiennes. (B. 129-136.) Suite complète de huit estampes.

Magnifiques épreuves.

53 — La Patience, 1540. (B. 138.)

Magnifique épreuve.

54 — La Fortune contraire. (B. 141.)

Belle épreuve.

55 — Le Triomphe. (B. 143.)

Belle épreuve.

56 — L'Impossible. (B. 145.)

Belle épreuve.

57 — L'Enseigne, le Tambour et le Fifre. (B. 198.)

Belle épreuve.

58 — Le Porte-enseigne et le Tambour. (B. 199.)
Très-belle épreuve.

59 — Les deux Bouffons. (B. 213.)
Superbe épreuve.

60 — Vignette au mascaron. (B. 228.)
Superbe épreuve.

61 — Le petit Bouffon. (B. 230.)
Superbe épreuve.

62 — Le Mascaron. (B. 231.)
Très-belle épreuve.

63 — Les deux Génies. (B. 236.)
Très-belle épreuve.

64 — Vase orné de trois ronds, 1530. (B. 240.)
Très-belle épreuve.

65 — Les Armoiries de Hans Sebald Beham. (B. 254.)
Très-belle épreuve; elle est remargée.

BERGHEM (Nicolas)

Bartsch, Peintre-Graveur, tome V, page 253.

66 — La Vache qui s'abreuve. (B. 1.)
Première et très-rare épreuve du premier état avec le nom de
N. Berghem. f. 1680, gravée à l'eau-forte en grandes lettres anglaises.
Magnifique épreuve.

67 — La Vache qui pisse. (B. 2.)
Très-belle épreuve avec le nom du maître et avant l'adresse de
F. de Wit *excudit*.

68 — Les trois Vaches au repos. (B. 3.)

Magnifique épreuve du premier état avant les travaux sur les montagnes du fond à gauche, avant le nom du maître et aussi avant des travaux dans le nuage qui se voit vers le milieu du ciel, au-dessus d'un petit bouquet d'arbres; elle a de la marge. Très-rare.

69 — Le Joueur de cornemuse. Pièce connue sous le nom du Diamant. (B. 4.) Ce morceau est un des plus beaux du maître.

Très-belle épreuve.

70 — Le Pâtre causant avec une femme. (B. 7.)

Très-belle épreuve d'un morceau rare.

71 — Les Vaches à la laitière. (B. 23-28.) Suite de six estampes.

Très-belles épreuves.

72 — Une Vache debout et dirigée vers la gauche. (B. 25.)

Superbe et très-rare épreuve du premier état avant le n° 3, avant beaucoup de travaux dans diverses parties de la planche et avec le trait carré légèrement indiqué.

73 — Un Mouton couché, vu de profil et dirigé vers la droite; près de lui un autre mouton dont on ne voit que la tête. (B. 30.)

Très-belle épreuve avant le numéro.

BINCK (Jacques)

Bartsch, Peintre-Graveur, tome VIII, page 249.

74 — Bethsabée au bain. (B. 6.)

Magnifique épreuve d'une charmante pièce. (Collection W. Esdaile.)

75 — Portrait de Jacques Bink. (B. 95.)

Très-belle épreuve.

76 — Portrait de Christierne roi de Danemark, à mi-corps,
vu presque de face et tourné un peu vers la droite.
Le fond représente une arcade ornée de neuf écussons d'armes. En bas est écrit: *Christiernus . Z .*
Danorum . Rex : Svetie . Norvegie . ZC.

Bartsch, tome IX, page 294, indique cette pièce comme faussement
attribuée à Hans Sébat. Lantensack.

Superbe épreuve.

77 — Portrait de l'empereur Charles V, de forme ronde.
Très-belle épreuve d'une pièce non décrite par Bartsch.

BOL (FERDINAND)

78 — Le Sacrifice d'Abraham. (B. 1.) Cl. 1.
Très-belle épreuve. (Collection J. Camerina.)

79 — Saint Jérôme dans une caverne. (B. 3.) Cl. 3.
Très-belle épreuve.

80 — La Famille. (B. 4.) Cl. 4.
Superbe épreuve. (Collection Aylesford.)

81 — Vieillard philosophe. (B. 6.) Cl. 6.
Très-belle épreuve.

82 — Astrologue. (B. 8.) Cl. 8.
Belle épreuve.

83 — Vieillard à barbe frisée, appuyé sur une canne. (B.
9.) Cl. 9.
Superbe épreuve.

84 — Portrait d'homme. (B. 12.) Cl. 13.
Très-belle épreuve d'un état non décrit, avant que les coins du
bas de la droite et de la gauche aient été terminés.

85 — Homme à la toque. (B. 13.) Cl. 14.
Superbe épreuve.

86 — Un Philosophe. (Cl. 15.)

Ce morceau, qui est gravé d'une pointe fine et légère, a été attribué par Bartsch, comme faisant partie de l'œuvre de Rembrandt, n° 146. De la plus grande rareté.

87 — La Femme à la poire. (B. 14.) Cl. 16.

Superbe épreuve.

88 — Portrait de femme dans un ovale. (B. 15.) Cl. 17.

Très-belle épreuve.

89 — Vieillard à grande barbe, coiffé d'une calotte, attribué à F. Bol. Il est assis, tourné vers la droite, tenant un lion sur ses genoux, sur lequel il appuie ses mains.

Superbe épreuve.

BONASONE (JULES)

Bartsch, Peintre-Graveur, tome XV, page 143.

90 — La Sainte Vierge debout devant le corps mort de Jésus-Christ. (B. 60.)

Superbe épreuve.

91 — Silène monté sur un âne. (B. 88.)

Belle épreuve.

92 — Deux Satyres amenant Silène au roi Midas. (B. 89.)

Très-belle épreuve.

93 — Portrait de Philippe II, roi d'Espagne. (B. 353.)

Très-belle épreuve d'un portrait rare.

94 — Portrait de Michel-Ange Buonarotti. (B. 345.)

Superbe épreuve du premier état, portant la signature de P. Mariette, 1670.

BOLSWERT (Shelte'A.)

95 — Sainte Famille où l'Enfant Jésus tient un oiseau, morceau en hauteur, d'après Rubens.

Superbe épreuve du premier état avant l'adresse de Gillis Hendrix, dans la marge du bas, à droite. (Collection du chevalier D.)

96 — Un Paysage où se voient plusieurs ruines; et sur le devant deux femmes, dont l'une porte sur la tête un panier rempli de légumes, et la seconde un panier sous le bras; d'après P. P. Rubens.

Superbe épreuve avant la lettre. (Collection du chevalier D.)

BRESSE (Jean-Antoine de)

Bartsch, Peintre-Graveur, tome XIII, page 317.

97 — La Présentation de la Vierge au temple, d'après Raphaël. (B. 4.)

Belle épreuve. Rare.

BROSAMER (Hans)

Bartsch, Peintre-Graveur, tome VIII, page 455.

98 — Dalila et Samson. (B. 1.)

Belle épreuve.

99 — Jésus-Christ à la croix. (B. 6.)

Belle épreuve.

CAMPAGNOLA (Dominique)

Bartsch, Peintre-Graveur, tome XIII, page 379.

100 — Les Bergers musiciens, paysage où l'on a représenté à gauche une femme et trois bergers assis à terre, et tenant des instruments de musique; à droite la vue d'une ville. (B. 9.)

Superbe épreuve d'une pièce fort rare.

CANTARINI (SIMON, dit le PÉSARÈSE)

Bartsch, Peintre-Graveur, tome XIX, page 119.

101 — La Vierge avec l'Enfant Jésus. (B. 19).

Belle épreuve.

102 — Portement de croix (B. 20.)

Belle épreuve.

103 — La Vierge couronnée. (B. 21.)

Belle épreuve.

104 — Saint Jean-Baptiste dans le désert. (B. 23.)

Très-belle épreuve. Collection Gawet.

105 — Le grand Saint-Antoine de Padoue. (B. 25.)

Très-belle épreuve du 1er état, avant le nom du maître.

106 — L'Ange gardien. (B. 28.)

Belle épreuve.

CARAGLIO (JACQUES)

Bartsch, Peintre-Graveur, tome XV, page 66.

107 — Le Carnage représenté par une femme tenant d'une main une épée et de l'autre un oiseau de proie Derrière elle on voit un lion qui montre les dents. (B. 55.)

Superbe épreuve portant la signature P. Mariette, 1667, et provenant de la collection de sir Master Sykes.

108 — La Bataille au bouclier sur la lance, d'après Raphaël. (B. 59.)

Belle épreuve d'une estampe des plus considérables de l'œuvre de Caraglio, et une des plus parfaites qui aient été exécutées d'après Raphaël.

CARRACHE (Augustin)

Bartsch, Peintre-Graveur, tome XVIII, page 31.

109 — La Vierge assise sur un croissant, et donnant à tetter à l'Enfant Jésus, d'après Jacques Ligozzi. (B. 34.)

Superbe épreuve d'une des plus belles estampes du maître. Elle est de forme ovale.

110 — Orphée retirant Euridice des Enfers. (B. 123.)

Très-belle épreuve. Cette pièce, ainsi que les neuf autres qui suivent, sont connues sous le nom des petites pièces lascives. Elles sont généralement très-rares.

111 — Suzanne surprise dans le bain par deux vieillards. (B. 124.)

Superbe épreuve.

112 — Andromède attachée à un rocher et exposée à un monstre marin. (B. 125.)

Belle épreuve.

113 — Loth commettant un inceste avec ses filles. (B. 127.)

Superbe épreuve.

114 — Vénus accompagnée des Amours, et portée sur la mer par des dauphins. (B. 129.)

Superbe épreuve.

115 — Les trois Grâces. (B. 138.)

Très-belle épreuve.

116 — Un Satyre considérant les beautés d'une Nymphe endormie. (B. 131.)

Superbe épreuve.

117 — Une Nymphe posant une jambe sur les épaules d'un petit Satyre, pendant qu'un enfant lui rogne les ongles des pieds. (B. 132.)

Très-belle épreuve.

118 — Un Satyre fouettant une Nymphe qu'il a attachée à un arbre. (B. 133.)

Belle épreuve.

119 — Vénus châtiant l'Amour. (B. 135.)

Très-belle épreuve.

CARRACHE (ANNIBAL)

Bartsch, Peintre-Graveur, tome XVIII, page 177.

120 — L'Adoration des bergers. (B. 2.)

Belle épreuve.

121 — Le Couronnement d'épines. (B. 3.)

Très-belle épreuve du 2ᵉ état, avant l'adresse de Nicolas Van Aelst.

122 — Le Christ de Caprarole. (B. 4.)

Très-belle épreuve.

123 — La Vierge à l'Ecuelle. (B. 9.)

Très-belle épreuve avant l'adresse de Nicolas Van Aelst.

124 — Sainte Famille. (B. 11.) Cette estampe est une des plus considérables de l'œuvre du maître.

Très-belle épreuve avant la retouche.

125 — Saint Jérôme. (B. 13.)

Belle épreuve, signée au verso, Mariette, 1730. (Collection de M. H. de Lasalle.)

126 — Saint Jérôme dans le désert. (B. 14.)

Très-belle épreuve.

127 — La Madeleine pénitente. (B. 16.)

Magnifique épreuve avant la lettre, non décrite par Bartsch, et portant les signatures au verso : P. Mariette, 1666 ; J. Gawet et Bermann. Extrêmement rare.

CASA (Nicolas Della)

128 — Portrait de Baccio Bandinelli, sculpteur Florentin.

Très-belle épreuve.

CLAAS (Alaert)

Bartsch, Peintre-Graveur, tome IX, page 117.

129 — La Justice. (B. 31.)

Très-belle épreuve.

130 — La Vierge couronnée par deux anges; elle est assise sur un siége de gazon et tient l'Enfant Jésus assis sur ses genoux, qui a dans ses mains une poire et un oiseau. Vers la droite de l'estampe, un homme, vu à mi-corps, fait un signe à un enfant qui est debout, à gauche, tenant une Tablette.

Superbe épreuve d'une belle estampe non décrite par Bartsch.

Haut. 169 mill. Larg. 135 mill.

131 — Cléopâtre se donnant la mort; elle est assise sur le gazon, au bord de la mer, tenant de chaque main un aspic qu'elle applique à ses seins. Le monogramme du maître est gravé sur une tablette un peu vers la gauche d'en-bas.

Très-belle pièce inconnue à Bartsch et de la plus grande rareté.

Haut. 81 mill. Larg. 56 mill.

CRANACH (Lucas)

Bartsch, Peintre-Graveur, t. VII, p. 273.

132 — Tournoi gravé sur bois. (B. 126.)

Belle épreuve.

CRÉMONESE (Joseph-Caletti, dit le)

Bartsch, Peintre-Graveur, vol. 20, p. 129.

133 — Samson et Dalila. (B. 4.)

Très-belle épreuve.

2

DALEN (Corneille Van)

134 — Portrait de Pierre Aretin, poëte italien.

Magnifique épreuve.

DIETRICH ou DIETRICY (Christian W. Ernest)

135 — Portrait d'homme à barbe, le corps tourné à droite, la tête vers la gauche, et coiffé d'une calotte. Il tient un livre de la main gauche sur lequel on lit *Dietrich*, 1732.

Pièce à l'eau-forte, gravée parfaitement dans le goût de Rembrandt.

DOW (Gérard)

136 — L'Église protestante. (B. 17.) Cl. 22.

Très-belle épreuve avant les deux barres de fer qui soutiennent la chaire. Estampe rare. (Collection Van Leyden.)

DU HAMEL (Alart)

Bartsch, Peintre-Graveur, t. VI, p. 354.

137 — Le Jugement dernier. Au milieu de l'estampe le Sauveur est assis sur un arc-en-ciel, ayant ses pieds sur un globe; le lointain du côté gauche de l'estampe présente le chemin du ciel; vers le fond à droite est l'enfer. (B. 2.)

Très-belle pièce, la plus importante du maître, de la plus haute curiosité et de la dernière rareté.

DURER (Albert)

Bartsch, Peintre-Graveur, t. VII, p. 5.

138 — Adam et Eve. (B. 1.)

Superbe épreuve d'une pièce capitale et recherchée du maître. (Collection de Férol, où elle a été adjugée au prix de 1,505 fr., non compris les frais.)

439 — La Passion de Jésus-Christ. Suite de 16 estampes.
(B. 3-18.)

Superbes épreuves, très-égales de tirage, avec de la marge, excepté les nos 3, 4, 5, 8, 12, 13, qui ont été remargés.

140 — L'Homme de douleurs, aux bras étendus. (B. 20.)

Très-belle épreuve.

141 — La Face de Jésus-Christ. (B. 25.)

Très-belle épreuve.

142 — L'Enfant prodigue. (B. 28.)

Très-belle épreuve.

143 — La Vierge à la couronne d'étoiles. (B. 31.)

Très-belle épreuve.

144 — La Vierge aux cheveux courts, liés avec une bande-
lette. (B. 33.)

Superbe épreuve. (Collection de Férol.)

145 — La Vierge assise embrassant l'Enfant Jésus. (B. 35.)

Belle épreuve.

146 — La Vierge donnant le sein à l'Enfant Jésus. (B. 36.)

Magnifique épreuve. (Collection Gawet.)

147 — La Vierge avec l'Enfant Jésus emmailloté. (B. 38.)

Très-belle épreuve.

148 — La Vierge couronnée par deux anges. (B. 39.)

Belle épreuve.

149 — La Vierge assise au pied d'une muraille. (B. 40.)

Superbe épreuve.

150 — La Vierge à la poire. (B. 41.)

Superbe épreuve, portant la signature de P. Mariette, 1707.

151 — La Vierge au singe. (B. 42.)

Superbe épreuve.

152 — La Sainte Famille. (B. 43.) Gravure à l'eau-forte.

Superbe épreuve, avec beaucoup de barbes, très-rare de cette qualité.

153 — La Sainte Famille au papillon. (B. 44.)

Superbe épreuve. (Collection de Férol.)

154 — La Vierge à la porte. (B. 45.)

Belle épreuve d'une pièce rare.

155 — Les cinq Disciples de Jésus-Christ, suite de cinq estampes: saint Philippe (B. 46), saint Barthélemy (B. 47), saint Thomas (B. 48), saint Simon (B. 49), saint Paul (B. 50.)

Superbes épreuves d'une même égalité de ton et avec une petite marge. (Cabinet de Férol.)

156 — Saint Christophe, à la tête retournée. (B. 51.)

Très-belle épreuve.

157 — Saint Christophe. (B. 52.)

Très-belle épreuve.

158 — Saint George à pied. (B. 53.)

Superbe épreuve.

159 — Saint Antoine. (B. 58.)

Très-belle épreuve.

160 — Saint Jérôme dans sa cellule. (B. 60.)

Belle épreuve.

161 — Saint Jérôme en pénitence. (B. 61.)
Très-belle épreuve.

162 — Sainte Geneviève. (B. 63.)
Superbe épreuve. (Collection de Férol.)

163 — Les trois Génies. (B. 66.)
Magnifique épreuve. (Collection Verstolk de Soelen.)

164 — La Sorcière. (B. 67.)
Superbe épreuve. (Collection de Férol.)

165 — Apollon et Diane. (B. 68.)
Superbe épreuve.

166 — La Famille du Satyre. (B. 69.)
Superbe épreuve. (Collection de Férol.)

167 — L'Enlévement d'Amynone. (B. 71.)
Superbe éprenve.

168 — Le Ravissement d'une jeune Femme. (B. 72.)
Planche gravée sur fer. Très-belle épreuve.

169 — L'Effet de la jalousie. (B. 73.)
Superbe épreuve, avec une petite marge. (Collection Saint-Aubin.)

170 — La Mélancolie. (B. 74.)
Superbe épreuve.

171 — L'Oisiveté. (B. 76.)
Superbe épreuve.

172 — La grande Fortune. (B. 77.)
Superbe épreuve. (Collection Thorel.)

173 — La petite Fortune. (B. 78.)
Superbe épreuve.

174 — La Justice. (B. 79.)

Superbe épreuve.

175 — Le Paysan et sa femme. (B. 83.)

Superbe épreuve.

176 — L'Hôtesse et le cuisinier. (B. 84.)

Superbe épreuve. (Collection de Férol.)

177 — L'Assemblée des gens de guerre (B. 88.)

Superbe épreuve.

178 — Le Paysan du marché. (B. 89.)

Superbe épreuve.

179 — Le Violent. (B. 92.)

Superbe épreuve. (Collection Ackermann.]

180 — Le Pourceau monstreux. (B. 95.)

Très-belle épreuve.

181 — Le petit Cheval. (B. 96.)

Superbe épreuve.

182 — Le grand Cheval. (B. 97.).

Superbe épreuve. (Collection Debois).

183 — Le Cheval de la mort. (B. 98.)

Très-belle épreuve d'une pièce capitale du maître.

184 — Le Canon. (B. 99.)

Pièce gravée à l'eau-forte sur fer. Très-belle épreuve.

185 — Les Armoiries au coq. (B. 100.)

Superbe épreuve. (Collection de Férol.)

186 — Les Armoiries à la tête de mort. (B. 101.)

Superbe épreuve. (Collection du prince de Paar.)

187 — Albert de Mayence, vu de face. (B. 102.)

Très-belle épreuve d'une pièce rare.

188 — Philippe Mélanchton. (B. 105.)

Magnifique épreuve.

189 — Erasme de Rotterdam. (B. 107.)

Superbe épreuve provenant de la collection de Férol, où elle a été adjugée au prix de 700 fr.

DUVET (Jean), surnommé le Maître a la Licorne

Robert Dumesnil, Peintre-Graveur français, t. V, p. 1 et Bartsch, Peintre-Graveur, t. VII, p. 496.

190 — Un Chasseur apportant un présent à un roi qui est assis auprès de Diane. (R. D. 54.) B. 39. Ce sujet, ainsi que celui qui suit, font allusion aux amours de Henri II et de Diane de Poitiers.

Très-belle épreuve avec marge. (Collection W. Esdaile.)

191 — Des Animaux de toute espèce rassemblés sur les bords d'une fontaine. (R. D. 59.) B. 42.

Très-belle épreuve. (Collection W. Esdaile.)

PORTRAITS & PIÈCES GRAVÉS A L'EAU-FORTE PAR A. VAN DYCK.

Pour le classement, nous avons suivi l'ordre numérique des états adoptés par Herman Weber dans le catalogue qu'il a publié sur ce maître.

DYCK (Antoine Van)

192 — Le Christ au roseau.

Magnifique épreuve du 1er état, avant les mots : *Et fecit aqua forti*, après le nom de Van Dyck, et avant le mot : *Regis*, après *cum privilegio*. (Des collections Bouillé et H. de Lasalle). Elle a de la marge.

193 — Breughel (Jean), dit de Velours. (1.)

Magnifique épreuve du 2e état. Elle est avant la lettre ; mais une partie du fond est couvert de travaux. Extrêmement rare. (L'état précédent, d'eau-forte pure, avant le fond, est presque unique). Elle est signée P. Mariette, 1672.

194 — Breughel (Pierre). (2.)

Très-belle épreuve de 1er état. Extrêmement rare. (Collections Th. Lawrence et Robert Dumesnil.)

195 — Franck (François). (6.)

Superbe épreuve du second état, avant la lettre, mais avec le fond gravé au burin. Extrêmement rare. Le premier état d'eau-forte pure, avant le fond, est presque unique.

196 — Le Roy (Philippe Baron), seigneur de Ravels. (7.)

Superbe épreuve du second état, qui serait entièrement semblable à celle du premier état, si la tache d'eau-forte existant au-dessus de l'épaule gauche était plus apparente. Cet état ne le cède au premier ni pour la beauté ni pour la rareté.

197 — Momper (Josse de). (8.)

Magnifique épreuve du 1er état. Extrêmement rare.

198 — Oort ou Noort (Adam Van). (10.)

Superbe épreuve du second état, avant la lettre, mais avec le fond gravé au burin. Extrêmement rare. Le premier état d'eau-forte pure, avant le fond, etc., est presque unique.

199 — Pontius ou Du Pont (Paul). (11).

Magnifique épreuve du second état, avant la lettre, mais avec une partie du fond. Le premier état, d'eau-forte pure, avant le fond, etc., n'a été vu par Weber que dans le cabinet de Chr. Hall, esq., à Londres. Il est probablement unique.

200 — Snellinx (Jean). (12.)

Superbe épreuve du premier état. Extrêmement rare. (Elle est signée P. Mariette, 1670.)

201 — Snyders (François). (14.)

Admirable épreuve du premier état, à l'eau-forte pure, avant la lettre, avant le trait carré ; il n'y a de gravé que la tête et le collet. De la plus grande rareté. (Collection Debois.)

202 — Suttermans (Juste). (16.)

Superbe épreuve du premier état. Très-rare.

203 — Vosterman (Lucas). (18.)

Admirable épreuve du premier état. De la plus grande rareté.

204 — Vos (Guillaume de). (19.)

Superbe épreuve du second état, avant la lettre, mais avec le fond. Très-rare. On ne connaît que deux épreuves du premier état d'eau-forte pure, avant le fond, etc. L'une est au Musée britannique, l'autre dans le cabinet de Ch. Hall, esq., à Londres, avec une bonne marge.

205 — Vos (Paul de). (20.)

Admirable épreuve du premier état, à l'eau-forte pure; il n'y a de gravé que la tête, le collet et une partie du fond; avant la lettre. De la dernière rareté et avec une petite marge.

206 — Wael (Jean de). (21.)

Superbe épreuve du premier état, avant toutes lettres ; le bras et la main gauche ne sont pas indiqués, etc. Extrêmement rare.

207 — Le Titien et sa maîtresse. (25.)

Très-belle épreuve du premier état, avant l'adresse de Bon enfant. Rare.

DYCK (d'après Van).

208 — Portrait de Pierre Snayers, gravé par André Storck.

Très-belle et rare épreuve avant la lettre.

EVERDINGEN (Albert Van)

Bartsch, Peintre-Graveur, t. II, p. 155.

209 — Les trois Figures au haut des rochers. (B. 28.)

Superbe épreuve à l'eau-forte pure, avant des travaux sur le grand rocher au milieu du devant et avec la bordure faible. Très-rare en cet état.

210 — La Maison à la tourelle pointue. (B. 29.)

Magnifique épreuve à l'eau-forte pure, avant les travaux au burin dans le ciel, avant les tailles horizontales sur le terrain du milieu, en bas et avec la bordure interrompue.

211 — Le Berger monté sur le cheval, poursuivant le cerf au grand galop. (B. 49 de la fable du Renard.)

Première épreuve à l'eau-forte pure, avant les travaux dans le ciel et avant la bordure gravée. Très-rare.

212 — Paysages gravés à l'eau-forte. 5 pièces dont 2 à l'eau-forte pure.

Seront divisés.

ECKHOUT (Gerbrandt Van den)

213 — Portrait d'un jeune homme vu à mi-corps et tourné vers la gauche (B. 66), Cl. 73.

Magnifique épreuve d'une estampe extrêmement rare. (Collection Debois.)

FERDINAND (L.)

214 — Portrait de Nicolas Poussin, d'après V. E.

Magnifique épreuve.

FLORIS (François)

215 — La Sainte Famille, la Sainte Vierge et saint Joseph considérant l'Enfant Jésus couché dans une crèche.

Très-belle épreuve d'une charmante pièce.

GELLÉE (CLAUDE), dit CLAUDE LE LORRAIN

Robert Dumésnil, peintre-graveur français, t. I, p. 3.

216 — La Fuite en Égypte. (R. D. 1.)

Très-belle épreuve du 1er état, nommée par erreur dans le catalogue du maître du 2e état. L'épreuve qui a servi pour la description du 1er état avait le nom de Claudio, complété à la plume. (Collection W. Esdaile.)

217 — L'Apparition. (R. D. 2.)

Très-belle épreuve du 1er état, avec les angles aigus. Très-rare. (Collection Esdaile.)

218 — Le Passage du gué. (R. D. 3.)

Très-belle épreuve du 1er état, avant l'angle du bas de la droite tronqué et avant que l'inscription ait été ébarbée. Rare.

219 — Le Troupeau à l'abreuvoir. (R. D. 4.)

Superbe épreuve du 1er état, avec les angles aigus et les marges couvertes de coulures d'eau-forte. (Collection W. Esdaile.)

220 — La même estampe.

Très-belle épreuve du même état, avec les coulures moins apparentes.

221 — La Tempête. (R. D. 5.)

Superbe épreuve du 3e état, avant le numéro et avant les lettres Cl. Inu. Très-rare. Les deux premiers états sont introuvables.

222 — La Danse au bord de l'eau. (R. D. 6.)

Très-belle épreuve du 2e état. Les bords de la planche sont très-raboteux.

223 — Le Naufrage. (R. D. 7.)

Belle épreuve du 2e état. (Collection W. Esdaile.)

224 — Le Bouvier, (R. D. 8.)

Magnifique épreuve du 2e état, avec le chiffre 4 qui a été gratté dans la marge du côté gauche, mais avant quelques traits horizontaux de pointe sèche qui couvrent un petit oiseau qui vole près la touffe la plus à droite du bois. Très-rare à rencontrer de cette beauté. (Collection Gawet.)

225 — Le Dessinateur. (R. D. 9.)

Très-belle épreuve du 2ᵉ état. (Collection W. Esdaile.)

226 — La Danse sous les arbres. (R. D. 10.)

Belle épreuve du 2ᵉ état, avant que les montagnes du fond aient disparu.

227 — Le Port de mer au fanal. (R. D. 11.)

Très-belle épreuve du 2ᵉ état. Les angles aigus comme dans le 1ᵉʳ état.

228 — Le Port de mer à la grosse tour. (R. D. 13.)

Superbe épreuve du 2ᵉ état. Les angles sont aigus et avant le nᵒ 44 dans la marge à droite. (Collection W. Esdaile.)

229 — Le Pont de bois. (R. D. 14.)

Très-belle épreuve du 2ᵉ état. (Collection W. Esdaile.)

230 — Le Soleil couchant. (R. D. 15.)

Superbe et rare épreuve du 3ᵉ état, avant le millésime 1634. (Collection W. Esdaile.)

231 — Le Départ pour les champs. (R. D. 16.)

Très-belle épreuve du 2ᵉ état, avant que l'angle du haut de la gauche ait été arrondi.

232 — Mercure et Argus. (R. D. 17.)

Très-belle épreuve du 1ᵉʳ état, avant la retouche. (Collection W. Esdaile.)

233 — La même estampe.

Épreuve du 1ᵉʳ état.

234 — Le Troupeau en marche par un temps orageux. (R. D. 18.)

Magnifique et très-rare épreuve du 1ᵉʳ état, avant les traits croisés de pointe entre l'une des montagnes de gauche et la grosse tour ronde de la droite.

235 — Le Temps, Apollon et les Saisons. (R. D. 20.)

Très-belle épreuve du 2e état. (Collection W. Esdaile.)

236 — Berger et Bergère conversant. (R. D. 21.)

Très-rare et magnifique épreuve du 1er état à l'eau-forte pure, avant que le groupe d'arbres, entre la haute montagne du milieu du fond et la ville fortifiée, ait été abaissé. Cet état est avant la lettre. (Collection Van den Zande.

237 — L'Enlèvement d'Europe. (R. D. 22.)

Très-belle épreuve du 1er état. (Collection W. Esdaile.)

238 — Le Pâtre et la Bergère. (R. D. 25.)

Belle épreuve du 2e état. (Collection W. Esdaile.)

239 — Les trois Chèvres. (R. D. 26.)

Très-belle épreuve. (Collection W. Esdaile.)

240 — Les quatre Chèvres. (R. D. 27.)

Très-belle épreuve. (Collection W. Esdaile.)

GHISI (ADAM)

Bartsch, Peintre-Graveur, t. XV, p. 117.

241 — Hercule étouffant le lion de Némée. (B. 21.)

Très-belle épreuve.

GHISI (DIANE), surnommée DIANE MANTOUAN

Bartsch, Peintre-Graveur, t. XV, p. 432.

242 — L'Appareil pour les noces de Psyché, grande estampe en largeur, composée de 3 pièces, d'après Jules Romain. (B. 40.)

Très-belles épreuves du 1er état et d'un même tirage. (Collection de Ferol.)

GLOCKENTON (ALBERT)

Bartsch, Peintre-Graveur, t. VI, p. 344.

243 — La Cène. (B. 3.)

Superbe épreuve d'une pièce rare.

244 — La Prise de Jésus-Christ. (B. 5.)

Superbe épreuve d'une pièce rare.

245 — Dieu assis sur le trône. (B. 16.)

Magnifique épreuve. Très-rare.

GOLTZIUS (HENRI)

Bartsch, Peintre-Graveur, t. III, p. 11.

246 — Les Bergers adorant l'Enfant Jésus nouvellement né. (B. 17.)

Superbe pièce portant le n° 3 de la suite des chefs-d'œuvre, épreuve avant le numéro et l'adresse de N. Visscher.

247 — Jésus-Christ circoncis dans le temple. (B. 18.)

Superbe épreuve d'une pièce gravée dans le goût d'Albert Durer, portant le n° 4 de la même suite et du même état.

248 — Les Mages offrant des présents à Jésus-Christ. (B. 19.)

Superbe épreuve d'une pièce gravée dans le goût de Lucas de Leyde, portant le n° 5 de la même suite et du même état.

249 — La Vierge pleurant sur le corps de Jésus-Christ. (B. 41.)

Très-belle épreuve.

HAFTEN (NICOLAS VAN)

Bartsch, Peintre-Graveur, t. V, p. 443.

250 — Les Fumeuses (B. 4).

Très-belle épreuve.

HOECKE (ROBERT VAN DEN)

Bartsch, Peintre-Graveur, t. V, p. 157.

251 — La Marmite au sommet de la colline. (B. 16.)

Très-belle épreuve.

HOLLAR (WENCESLAS)

252 — Représentation d'un calice, d'après André Mantegna.

Superbe épreuve.

JARDIN (CARLE DU)

Bartsch, Peintre-Graveur, t. I, p. 161.

253 — Le Bourg à la montagne. (B. 9.)

Très-belle et rare épreuve du 1er état avant le numéro. Elle a de la marge.

254 — Les deux Cochons. (B. 15.)

Superbe épreuve du 1er état avant le numéro.

LASTMAN (PIERRE), de l'école de REMBRANDT

255 — Judas et Thamar. (B. 74.)

Voir le supplément de Bartsch, p. 153. Très-belle épreuve d'une pièce rare.

LEYDE (LUCAS DE)

Bartsch, Peintre-Graveur, t. VIII, p. 331.

256 — L'Histoire de la création et de la chute du premier homme. Suite de six estampes. (B. 1-6.)

Belles épreuves.

257 — Le Péché d'Adam et Ève. (B. 7.)

Pièce-rare.

258 — Adam et Ève fugitifs, après avoir été chassés du paradis terrestre. (B. 11.)

Très-belle épreuve.

259 — Caïn tuant Abel. (B. 13.)
Très-belle épreuve.

260 — Abraham et les trois Anges. (B. 15.)
Très-belle épreuve.

261 — Joseph racontant ses songes à Jacob. (B. 19.)
Très-belle épreuve.

262 — La Femme de Putiphar accusant Joseph. (B. 21.)
Très-belle épreuve.

263 — David jouant de la harpe devant Saül. (B. 27.)
Superbe épreuve. (Collection Crawhall.)

264 — L'adoration des Mages. La Vierge présente l'Enfant
Jésus aux trois Mages, qui viennent lui offrir des
présents. Le fond de l'estampe est rempli de soldats et de Gens de la suite des trois Rois. Cette
pièce est une des plus considérables de l'œuvre de
ce maître. (B. 37.)
Très-belle épreuve ; elle est bien conservée. Très-rare. (Collection
du chevalier D***.)

265 — Le Baptême de Jésus-Christ. (B. 40.)
Très-belle épreuve.

266 — Jésus-Christ tenté par le Démon. (B. 41.)
Belle épreuve.

267 — La Résurrection de Lazare. (B. 42.)
Très-belle épreuve d'une pièce capitale. (Collection Weber.)

268 — Le Couronnement d'épines. (B. 68.)
Magnifique épreuve.

269 — La même estampe.
Très-belle épreuve. (Collection Crawall.)

270 — Des Soldats faisant boire Jésus-Christ avant de le crucifier. (B. 73.)

Superbe épreuve.

271 — La Vierge debout sur un croissant, dans une gloire. (B. 82.)

Superbe épreuve.

272 — La Vierge avec l'Enfant Jésus, assise au pied d'un Arbre. (B. 83.)

Belle épreuve. (Collection du prince de Paar.)

273 — La Vierge avec l'Enfant Jésus, assise dans un Paysage. (B. 84.)

Très-belle épreuve portant la signature au verso de P. Mariette, 1660.

274 — Saint Judas Thaddée. (B. 93.)

Très-belle épreuve. (Collection du prince de Paar.)

275 — Saint Mathias. (C. 99.)

Très-belle épreuve. (Collection du prince de Paar.)

276 — Saint Pierre et saint Paul. (C. 106.)

Très-belle épreuve.

277 — La Conversion de saint Paul. Aveuglé par la lumière du Ciel, il marche, tête nue, entre deux hommes. Beaucoup de Gens armés, et parmi eux quatre Cavaliers le suivent. Cette belle estampe est une des plus considérables et des plus rares de l'œuvre. (B. 17.)

Magnifique épreuve, très-rare à trouver d'une aussi bonne conservation. (Collection Gawet.)

278 — Saint Sébastien. (B. 115.)

Très-belle épreuve.

279 — Saint Antoine l'Ermite. (B. 116.)

Très-belle épreuve, signée au verso P. Mariette, 1641, et provenant de la collection du prince de Paar.

280 — La Tentation de Saint Antoine. (B. 117.)

Superbe épreuve d'une des plus jolies pièces du maître ; très-rare à trouver de cette qualité. (Collection du chevalier D***.)

281 — Saint Gérard Sagrédius, évêque et martyr. (B. 119.)

Très-belle épreuve. (Collection du prince de Paar.)

282 — Saint George. (B. 121.)

Très-belle épreuve. (Collection Crahwall.)

283 — Sainte Madelaine dans le désert. (B. 123.)

Très-belle épreuve.

284 — Lucrèce. (B. 134.)

Très-belle épreuve.

285 — Le poëte Virgile suspendu dans un panier. (B. 136.)

Magnifique épreuve, très-rare de cette beauté.

286 — Mars, Venus et l'Amour. (B. 137.)

Magnifique épreuve, très-rare de cette beauté.

287 — Vénus et l'Amour. (B. 138.)

Très-belle épreuve.

288 — Pallas. (B. 139.)

Très-belle épreuve.

289 — La Dame au bois. (B. 146.)

Belle épreuve d'une pièce rare.

290 — La Femme et le Chien. (B. 154.)

Superbe épreuve.

291 — La Laitière. (B. 158.)

Très-belle épreuve.

292 — Un Panneau d'ornements. (B. 164.)

Très-belle épreuve.

293 — Portrait d'un Jeune homme. (B. 174.) Ce portrait passe pour être celui de Lucas de Leyde.

Très-belle épreuve.

LIVENS (Jean)

294 — La Résurrection de Lazare. (B. 3.) Cl. 3.

Belle épreuve.

295 — Saint François assis dans une Grotte. (B. 6.) Cl. 6.

Superbe épreuve de la grande planche et avant les initiales du maître, portant la signature P. Mariette, 1674. Extrêmement rare.

296 — La même estampe.

Très-belle épreuve de la planche coupée et avec les initiales du maître.

267 — Anachorète. (B. 7.) Cl. 7.

Très-belle épreuve. (Collection Aylesford.)

298 — Saint Antoine. (B. 8.) Cl. 8.

Très-belle épreuve d'une estampe rare.

299 — Un Homme à genoux. (B. 9.) Cl. 9.

Très-belle épreuve.

300 — Buste d'un Oriental. (B. 19.) Cl. 19.

Très-belle épreuve.

301 — Tête orientale d'après Rembrandt. (B. 21.) Cl. 21.

Superbe épreuve d'un état non décrit par Bartsch et Claussin, avec le nom de Rembrandt f. 1636 dans le haut, à gauche de l'estampe, avant les initiales du maître et l'adresse de F. v. W. Très-rare en cet état.

302 — Buste de Jeune homme. (B. 26.) Cl. 26.

Superbe épreuve, avant l'adresse de Franciscus van den Wyngaerde.

303 — Buste de Vieillard. (B. 33.) Cl. 33.

Belle épreuve.

304 — Buste d'un Oriental. (B. 34.) Cl. 34.

Superbe épreuve d'un premier état non décrit avant le monogramme qui est à la gauche d'en haut.

305 — Tête de Vieillard. (B. 46.) Cl. 46. ——

Belle épreuve.

306 — Portrait du docteur Ephraïm Bonus, médecin juif. (B. 56.) Cl. 55.

Superbe épreuve avec l'adresse de Clément de Jonghe, qui a été remplacée depuis par celle de Jean de Ram. (Collection du chevalier D***.)

307 — Portrait d'Homme vu de face, couvert d'un riche manteau de fourrure, et dirigé un peu vers la droite. Les initiales du maître se trouvent vers la gauche d'en bas de l'estampe.

Très-belle épreuve d'un beau portrait non décrit par Bartsch et Claussin. Rare.

LUTMA (JEAN), le fils

308 — Portrait de Jean Lutma père, orfèvre. (B. 75.) Cl. 82.

Superbe épreuve. (Collection Robert Dumesnil.)

MAITRES ANONYMES ALLEMANDS
DU XVe SIÈCLE

309 — Jésus-Christ présenté au peuple; N. S. est représenté entouré de personnages, à une fenêtre d'une riche Galerie gothique, au bas une nombreuse assemblée de Peuple.

Pièce extrêmement rare et de la plus haute curiosité.
Hauteur, 280 millimètres; largeur, 206 millimètres.

310 — Saint Michel terrassant le Démon.

> Pièce gravée dans le goût du maître de 1466 et inconnue à Bartsch.
> Hauteur, 86 millimètres ; largeur, 69 millimètres.

MAITRES ANONYMES ALLEMANDS

DU XVIᵉ SIÈCLE

311 — Lucrèce. Elle est debout, tenant un Poignard de la droite, et de l'autre s'arrachant les cheveux. Vers le bas de la gauche est un Vase, et au dessus un Candélabre.

> Très-belle épreuve.
> Hauteur, 81 millimètres ; largeur, 45 millimètres.

312 — Deux Figures allégoriques représentées par deux Femmes, dont l'une tient un cœur de la main droite et une flèche de la gauche, et l'autre tient de ses deux mains une colonne.

> Belle épreuve.

MAITRE A LA NAVETTE (Zwott dit)

313 — Le Calvaire. Le Christ en Croix au milieu de l'estampe, entre les deux Larrons. Au milieu du devant sainte Madelaine exprime son affliction tandis qu'une Marie et saint Jean soutiennent la Vierge. Les trois Croix sont entourées d'un grand nombre de Juifs. Le mot *zwott* est gravé au milieu de la partie supérieure de la planche. (B. 6.)

> Superbe et très-rare épreuve d'une des pièces les plus capitales du maître. (Collection E. Durand.)

314 — Combat de Centaures et de Lapithes.

> Superbe épreuve d'une pièce non décrite par Bartsch.

MAITRE A L'ÉCREVISSE

Bartsch, Peintre-Graveur, t. VII, p. 527.

315 — La Purification de la Vierge. (B. 4.)

Magnifique épreuve d'une pièce très-rare. (Collections Wilson et W. Esdaile.)

316 — Le Sauveur prenant congé de sa Mère. (B. 5.)

Belle épreuve. (Collection W. Esdaile.)

317 — La prise de Jésus-Christ. (B. 8.)

Belle épreuve.

MAITRE AU MONOGRAMME B M.

Bartsch, Peintre-Graveur, t. VI, p. 392.

318 — Le Corps mort de Jésus-Christ au pied de la croix, soutenu par la sainte Vierge, entourée de trois saintes Femmes et de saint Jean.

Superbe épreuve d'une pièce inconnue à Bartsch. Très-rare. Hauteur, 224 millimètres ; largeur, 160 millimètres.

MAITRE A L'ANCRE B R.

Bartsch, Peintre-Graveur, t. VI, p. 394.

319 — La Vierge assise sur un Banc de gazon. Le chiffre de l'artiste est au milieu d'en bas. (B. 4.)

Superbe épreuve du 1er état, avant la retouche et avant que les têtes de la Vierge et de l'Enfant aient été entourés de rayons poussés très au noir. De la plus grande rareté. (Collections Wilson et W. Esdaile.)

MAITRE AU MONOGRAMME

Bartsch, Peintre-Graveur, t. VI, p. 68.

320 — Le Paysan à la masse d'Armes. Un Paysan assis, a sur la tête un Chapeau pointu, et est couvert d'un large Manteau. Une masse d'Armes est à terre, près de sa jambe droite. Le chiffre de l'artiste est au milieu d'en bas. (B. 14.)

Superbe épreuve de la plus grande rareté.

321 — Le Concert. Un Jeune homme accompagne de la gui-
tare une Jeune femme qui joue du tympanon. Le
chiffre de l'artiste est au milieu d'en bas. Ce sujet
est renfermé dans un rond. (B. 19.)

Superbe épreuve de la plus grande rareté. (Collections de Fries,
Praun, Wilson et W. Esdaile.)

322 — La Brouette. Un Vieux nain menant une Vieille naine
dans une Brouette. Le chiffre de l'artiste est au
milieu d'en bas. (B. 20.)

Superbe épreuve de la plus grande rareté. (Collections de Fries,
Praun, Wilson et W. Esdaile.)

MAITRE AUX INITIALES dit le
MAITRE DE L'AN 1466.

Bartsch, Peintre-Graveur, t. VI, p. 4.

323 — David tuant un lion. David à califourchon sur l'animal, le tue en lui déchirant la gueule. (B. 4.)

Superbe épreuve de la plus grande rareté. (Collections du comte
de Fries et de W. Esdaile.)

324 — Une lettre ressemblante à un B représentée par une
Femme dont la robe est ornée d'un grand nombre
de queues de renards. Elle est vue presque par le
dos. On voit sur sa tête deux Oiseaux qui se bec-
quetent. Derrière elle est un Homme portant un
grand oiseau de proie sur la tête, et ayant entre ses
jambes un Chien précédé d'un autre. (B. 98.)

Superbe épreuve de la plus grande rareté.

325 — Rinceau d'ornement représentant deux Cerfs, au dessus un Oiseau volant.

Très-belle épreuve d'une pièce inconnue à Bartsch. (Collection
W. Esdaile.)

MAITRE AU MONOGRAMME F B

Bartsch, Peintre-Graveur, t. IX, p. 443.

326 — Saint Jean l'Évangéliste. (B. 14.)

Très-belle épreuve. Rare.

MAITRE AU MONOGRMME 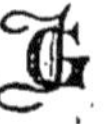

Bartsch, Peintre-Graveur, t. VI, p. 67.

327 — La sainte Vierge. La Vierge debout, vue de face, tenant une pomme de la main droite, et portant l'Enfant Jésus sur le bras gauche. Le monogramme est gravé vers la droite d'en bas. (B. 3.)

Belle pièce d'une extrème rareté. (Collections de Fries, Praun, Wilson et W. Esdaile.)

MAITRE AU MONOGRAMME H L

Bartsch, Peintre-Graveur, t. VIII, p. 35.

328 — Trois Anges portant en triomphe les instruments de la Passion de Jésus-Christ. (B. 2.)

Superbe épreuve d'une pièce fort rare.

MAITRE AU MONOGRAMME I B

Bartsch, Peintre-Graveur, t. VIII, p. 299.

329 — Pièce emblématique. (B. 30.)

Superbe épreuve.

MAITRE AU MONOGRAMME G

Bartsch, Peintre-Graveur, t. IX, p. 143.

330 — La Flagellation de Jésus-Christ. Le fond de l'estampe présente le Prétoire orné d'une colonnade. Pièce de forme ronde. (B. 3.) R. D. 4.

Superbe épreuve. Très-rare.

MAITRE AU MONOGRAMME L⌀ℐ

Bartsch, Peintre-Graveur, t. VI, p. 361.

331 — Jésus-Christ tenté par le Démon. Le Christ est debout
à la gauche de l'estampe, et parle au Démon qui
est sous la forme d'un Monstre hideux. Le chiffre
de l'artiste est gravé au milieu d'en bas. (B. 1.)

Très-belle épreuve d'une estampe très-rare.

MAITRE AU MONOGRAMME ℞

Bartsch, Peintre-Graveur, t. IX, p. 233.

332 — Jésus sous la forme d'un enfant à cheval allant au
galop vers la droite de l'estampe, terrasse, avec
une bannière surmontée d'une croix, le Démon
couronné qui est représenté sous la figure d'un
Animal chimérique. Le fond de l'estampe représente la vue d'une Ville et le monogramme du
maître est au bas de la gauche.

Magnifique épreuve d'une charmante estampe inconnue à Bartsch.
De la plus grande rareté.
Largeur, 195 millimètres; hauteur, 148 millimètres.

MAITRE AU MONOGRAMME S

Bartsch, Peintre-Graveur, t. VIII, p. 13.

333. — 17 pièces d'une passion de Jésus-Christ, compositions
de beaucoup de figures dans des ronds entourés
de bordures richement ornementées.

Haut. 160 millim. Larg. 120 millim.

Jésus-Christ au mont des oliviers.
Il est pris par les Juifs.
Il est trainé à la ville.
Le grand-prêtre déchire ses habits.
Jésus-Christ insulté dans le prétoire.

Il est conduit devant Hérode.

La flagellation.

Le couronnement d'épines.

Jésus-Christ présenté au peuple.

Pilate se lave les mains.

Le portement de croix.

Jésus-Christ attaché à la croix.

Jésus-Christ mort.

La Déscente de croix.

La Sépulture.

La Déscente aux limbes.

La Résurrection.

Ces 17 pièces font partie d'une suite dont il ne nous paraît pas y avoir beaucoup plus; elle est d'une extrême rareté et est restée inconnue à Bartsch, mais elle sera décrite par M. Passavant dans son catalogue, qui est en cours de publication. Épreuves de toute beauté.

334 — Sainte Catherine debout sous un riche Portique; elle est vu de face ayant à ses pieds une roue et un livre, le glaive de son martyre est au bas de la droite de l'estampe.

Très-belle épreuve d'une pièce non décrite par Bartsch.
Hauteur, 119 millimètres; largeur, 64 millimètres.

MAITRE AU MONOGRAMME W♀

Bartsch, Peintre-Graveur, t. VI, p. 56.

335 — Intérieur de Chapelle éclairé par trois Croisées. Le monogramme du maître est au haut de la gauche. Pièce ronde.

Superbe épreuve d'une pièce inconnue à Bartsch et de la plus grande rareté.

MAITRES ANONYMES FLAMANDS
DU XVIe SIÈCLE

336 — Jésus-Christ célébrant la Cène avec ses disciples.
Belle épreuve d'une estampe très-rare.

337 — Une femme nue assise sur un banc à droite de l'estampé et dirigée vers la gauche.

Belle épreuve.

MAITRES ANONYMES ITALIENS

DU XVᵉ SIÈCLE

Bartsch, Peintre-Graveur, t. XIII, p. 85.

338 — La Vierge entre deux Saintes. La Vierge donne la main à l'Enfant Jésus, elle est assise sur un trône, au delà duquel, vers le haut de la planche, est représenté l'Annonciation, etc. (B 2).

Pièce de la plus grande rareté, provenant des collections Sir Master Sikes et W. Esdaile.

Bartsch, Peintre-Graveur, t. XIII, p. 127.

339 — Carte de Tarot. La Cosmologie. Un Génie ayant le sein droit appuyé sur sa hanche, et tenant de la gauche un globe, dont la moitié est terrestre, l'autre céleste. On lit au milieu du bas, Cosmico XXXIII. (B. 50). Très-rare.

Cette pièce fait partie d'une suite de cinquante estampes, qui est très-rare à trouver complète. (Collections Storck de Milan et sir Master Sykes.)

Bartsch, Peintre-Graveur, t. XIII, p. 170.

340 — Le Prophète Samuel. (B. 5).

Cette estampe est une répétition, d'après Baccio Baldini, même numéro.

341 — Vulcain forgeant des armes; il est assis à droite et va frapper sur un casque qu'il tient avec des pinces sur une enclume placée devant lui; un peu plus loin, un génie ailé tient un bouclier, et plus loin un jeune homme porte un trophée d'armes. En avant à gauche, deux chevaux s'abreu-

vent. Au milieu, un arbre au haut duquel une tablette sans marque est attachée. Dans le fond, on aperçoit une ville.

Pièce de la plus grande rareté et inconnue à Bartsch. (Collection Debois.)

Haut. 211 mill. Larg. 149 mill.

MAITRES ANONYMES ITALIENS
DU XVIᵉ SIÈCLE

Bartsch, Peintre-Graveur, t. XV, p. 22.

342 — Saint Ambroise, archevêque de Milan, refusant l'entrée de l'église à l'empereur Théodose. Dans le fond à gauche, on voit une église. (B. 1).

Cette pièce est attribuée, par l'abbé Zani, à Donato Bramante. (Voir le *Materiali*, carte 2, t. III, p. 319.) Magnifique épreuve d'une estampe de la plus grande rareté.

343 — Les Trois Parques.

Très-belle estampe dans le goût de Francia.

Haut. 195 mill. Larg. 365 mill.

344 — Un homme nu debout, vu de face, tenant une branche d'arbre du bras gauche et faisant un geste du bras droit. Le monogramme de l'artiste se voit au milieu du bas de l'estampe.

Superbe épreuve d'une estampe très-rare. (Collection Robert Balmand.)

345 — Un Satyre terrassé par l'Amour, d'après Annibal Carrache.

Très-jolie eau-forte.

MAITRES ANONYMES DE L'ÉCOLE DE MARC-ANTOINE

Bartsch, Peintre-Graveur, t. XV, p. 27.

346 — La Sibylle. Une jeune femme assise dans une chambre, lit dans un livre. Un enfant tient un flambeau devant elle. D'après Raphaël. (B. 6).

Très-belle épreuve. (Collection Debois.)

347 — La Peste. Ce morceau est une copie en contre partie du numéro 417 de l'œuvre de Marc-Antoine Raimondi.

Estampe curieuse et extrêmement rare.

MAITRE AU NOM DE JÉSUS-CHRIST

Bartsch, Peintre-Graveur, t. XV, p. 511.

348 — L'ange Gabriel annonçant à la Vierge le mystère de l'Incarnation. Le chiffre du maître est à la gauche d'en bas. (B. 1).

Très-belle épreuve d'une pièce rare.

MAITRE DE L'AN 1515

Bartsch, Peintre-Graveur, t. XIII, p. 408.

349 — L'Amour bandant les yeux à Mars attaché à un arbre. (B. 6).

Très-belle épreuve d'une pièce fort rare.

MAITRE AU DÉ

Bartsch, Peintre-Graveur, t. XV, p. 181.

350 — Saint Roch. (B. 15).

Superbe épreuve.

351 — Sacrifice de Priape. (B. 27).

Magnifique épreuve.

352 — Sujet isolé de l'histoire de Psyché, d'après Raphaël. (B. 71).

Très-belle épreuve.

MANTEGNA (André)

Bartsch, Peintre-Graveur, t. XIII, p. 227.

353 — Jésus-Christ vu par le dos, tenant une bannière et descendant aux limbes. (B. 5).

Superbe épreuve.

354 — Les Éléphants portant des torches. (B. 12).

Superbe épreuve. (Collection du chevalier D.)

355 — Les Soldats portant des trophées. (B. 13).

Superbe épreuve. (Même collection.)

356 — Bacchanale au Silène. (B. 20).

Superbe épreuve. (Même collection.)

MARC-ANTOINE RAIMONDI

Bartsch, Peintre-Graveur, t. XIV.

357 — Adam et Ève, d'après Raphaël. (B. 1).

Cette estampe est l'une des plus belles et des plus rares de l'œuvre ; elle est doublée.

358 — La Vierge à genoux à droite, devant un prie-Dieu, se tourne vers un ange qui arrive du côté gauche. Le fond à droite offre un lit dans une alcôve. Estampe gravée par Marc de Ravenne. (B. 15).

Pièce très-rare ; elle est doublée.

359 — Jésus-Christ à table chez Simon le Pharisien. La Madelaine prosternée répand des parfums sur le pied droit du Christ. Gravée d'après Raphaël par Marc Antoine, dont on voit la tablette sans le chiffre vers le bas, à droite. (B. 23).

Superbe épreuve. (Collection Gawet.)

360 — Le Portement de Croix. Jésus-Christ succombant sous le poids de sa Croix ; pièce gravée par A. Vénitien, d'après le tableau de Raphaël qui se voit dans la Galerie Royale de Madrid, (B. 28).

Belle épreuve. (Collection Th. Lawrence.)

361 — La Vierge assise sur des nues ; elle tient l'Enfant Jésus auprès d'elle, à ses pieds trois anges à mi-corps. Gravée d'après Raphaël par Marc-Antoine. Pièce sans marque. (B. 47).
Très-belle épreuve d'une charmante pièce.

362 — La Vierge assise, vue de profil. Elle lit dans un livre, en serrant de son bras droit l'Enfant Jésus. (B. 48).
Très-belle épreuve. (Collection Denon.)

363 — La Vierge assise sur des nues, soutient de ses deux mains l'Enfant Jésus, gravée d'après Raphaël par Marc-Antoine, dont la tablette sans le chiffre se voit à la droite d'en bas. (B. 52).
Magnifique épreuve. Très-rare de cette beauté.

364 — Sainte Famille. La Sainte Vierge assise et vue jusqu'aux genoux, presse de la main droite une de ses mamelles pour allaiter l'Enfant Jésus. Saint Joseph est debout à droite. Chacune de ces trois figures a une auréole au-dessus de la tête. Cette estampe est extrêmement rare et elle a été gravée par Marc Antoine, d'après un dessin de Raphaël dans le temps de sa plus grande force. (B. 60).
Très-belle épreuve de la planche retouchée ; elle est doublée.

365 — La Vierge assise et vue jusqu'aux genoux allaite l'Enfant Jésus qui est assis sur son genou. Jolie pièce sans marque, d'après Raphaël. (B. 61).
Pièce fort rare.

366 — Saint Jérôme à genoux devant un crucifix planté dans le tronc courbé d'un arbre. Un lion dont on ne voit que la tête, est à la gauche d'en bas. Le fond, à droite, représente une montagne surmontée de bâtiments tombés en ruine. (B. 101).
Très-belle estampe fort rare, gravée d'après un dessin de Raphaël.

367 — Le Martyre de saint Laurent. Composition de cinquante figures, gravée d'après un dessin de Baccio
Bandinelli. (B. 104).

Superbe épreuve très-bien conservée. (Collection sir Peter Lely).

368 — Jésus-Christ rayonnant de gloire, assis sur des nuages entre la Sainte Vierge et saint Jean-Baptiste;
saint Paul debout tenant une épée, et sainte Catherine à genoux, une palme à la main, sont au bas
de la composition. La tablette sans le chiffre se
voit au bas de la droite du bas. Morceau gravé
d'après un dessin de Raphaël pour le tableau qui
se voyait dans l'église Saint-Pierre et Saint-Paul à
Parme. Pièce nommée les Cinq Saints. (B. 113).

Superbe et très-rare épreuve de la plus grande beauté, provenant
de la collection Johnson, esq.

369 — Sainte Anne et la Vierge avec l'Enfant Jésus. (B.
172).

Très-belle petite pièce fort rare. (Collection J. Gottlob de Dresde.

370 — Cléopâtre à demi nue, couchée sur un lit où elle
paraît expirer de la piqûre d'un aspic entortillé
autour de ses bras, qu'elle tient au dessus de sa
tête. Au milieu du bas de l'estampe, la tablette
sans marque; gravée par Marc-Antoine d'après
Raphaël. (B. 199).

Magnifique épreuve de la plus parfaite conservation d'une estampe
très-rare.

371 — Deux femmes portant un enfant dans un panier;
pièce gravée par Marc-Antoine d'après un bas-re-
lief antique. Cette estampe est une des plus belles
de Marc Antoine. (B. 230).

Très-belle épreuve.

372 — Deux Faunes aidant Silène à se soutenir sur son âne qui marche vers la gauche de l'estampe. Pièce gravée par Augustin Vénitien, et l'une de ses meilleures. (B. 240.)

Très-belle épreuve portant la signature P. Mariette, 1667.

373 — Apollon assis sur le Parnasse au milieu des muses et des plus célèbres poètes, gravée d'après Raphaël et qui est la même composition que ce maître a peinte dans le palais du Vatican. (B. 247.)

Superbe épreuve. Très-rare à trouver de cette qualité.

374 — Jeune Femme vue de profil et tenant une lyre de ses deux mains. (B. 277.)

Superbe épreuve.

375 — Le Faune et le Tigre. Un Faune montrant de la main droite une grappe de raisin à un Tigre qui est dans une niche à droite. (B. 307.)

Magnifique épreuve.

376 — Vénus, l'Amour et Pallas. Étude de ces trois figures, tirée du Jugement de Pâris, n° 245. (B. 310.)

Très-belle épreuve.

377 — Vénus accroupie contre une espèce de piédestal, et sur lequel on voit l'Amour se penchant comme pour embrasser sa mère, (B. 313.)

Cette estampe est gravée par Marc-Antoine, dans ses premières manières, probablement d'après le Francia.

Superbe épreuve. (Collection du chevalier D. de Turin.)

379 — Vénus blessée par l'épine d'un rosier ; gravé par Marc de Ravenne. (B. 321.)

Belle épreuve avec l'adresse de Salamanque, et avant la retouche de Gio. Marco Paluzzi.

379 — Junon, Cérès et Psyché (B. 327). Cette pièce est gravée par Marc de Ravenne.

Superbe épreuve.

4

380 — Cupidon et les trois Grâces, d'après un dessin exé-
cuté par Raphaël, au palais Ghigi. (B. 344.)
Très-belle épreuve.

381 — La Poésie. (B. 382.)
Pièce recherchée du maître ; elle est doublée.

382 — Un jeune homme, tenant une lanterne, est enveloppé
dans une draperie flottante. Il fait de la main
droite un signe vers le ciel, et retourne sa tête vers
un bélier qui le suit (B. 384). Très-belle pièce.
Magnifique épreuve.

383 — Les Vertus. Suite de sept estampes représentées par
des femmes debout dans des niches. (B. 386-392.)
Très-belle suite presque introuvable à rencontrer d'une telle égalité de ton.

384 — Les deux Femmes au Zodiaque ; l'une debout tient
un livre fermé et l'autre écrit dans un livre appuyé
sur son genou. (B. 397.)
Très-belle épreuve. (Collection J. Barnard.)

385 — La jeune Mère s'entretenant avec deux hommes. Elle
est assise à terre et s'entretient avec deux hommes
debout devant elle, probablement d'après un dessin
de Francia. (B. 432.)
Superbe épreuve.

386 — Une Femme désespérée s'arrachant les cheveux en
poussant des cris douloureux. Cette estampe est de
la première manière de Marc-Antoine. (B. 437.)
Très-belle épreuve.

387 — Un Homme endormi à l'entrée d'un bois. Sur le devant, à gauche, une femme à genoux, vue par le
dos, se retourne vers un autre homme placé aussi
à genoux près d'elle. (B. 438.)
Magnifique épreuve. (Collection sir Master Sykes.)

388 — Deux Hommes nus debout ; l'un d'eux fait un geste de la main gauche et embrasse du bras droit l'autre homme qui est presque vu par le dos. (B. 464.)

Superbe épreuve signée au verso Dom Artaria.

389 — Un Homme nu portant la base d'une colonne. (B. 476.)

Magnifique épreuve.

390 — La Cassolette portée par deux Cariatides sur une colonne tronquée. Le dessus de la cassolette est percé en forme de fleurs de lys, ce qui, joint aux salamandres dont la frise est ornée, fait juger que Raphaël a fait ce dessin pour François Ier, roi de France. (B. 491).

Très-belle pièce. Superbe épreuve.

391 — Lucrèce prête à se percer le sein. Elle est assise à la gauche de l'estampe, vue de trois-quarts, dirigée vers la droite et la tête tournée vers la gauche, et elle tient un poignard de la main gauche. Le monogramme de Marc-Antoine se voit à la gauche d'en bas.

Cette belle estampe, qui est de la plus grande rareté et peut-être unique, est restée inconnue à Bartsch. (Collection sir Master Sykes.)
Haut. 112 mill. Larg. 72 mill.

MATSYS (CORNEILLE)

Bartsh. Peintre-Graveur, t. IX, p. 97.

392 — Léda, assise sur une butte près d'un bouquet d'arbres qui s'élève vers la droite de l'estampe, embrasse Jupiter.

Cette pièce, qui fait partie d'une suite de huit, connue sous le nom des *Amours des Dieux*, est gravée par Corneille Matsys, d'après Perino del Vaga. Inconnue à Bartsch. Extrêmement rare.
Haut. 162 mill. Larg. 135 mill.

MAZZUOLI (FRANÇOIS), dit le PARMESAN

Bartsch, Peintre-Graveur, t. XVI, p. 3.

393 — Les deux Amants. (B. 14.)

Belle épreuve d'une charmante eau-forte.

MELDOLLA (ANDRÉ)

Bartsch, Peintre-Graveur, t. XVI, p. 40.

394 — Saint Pierre. (B. 39.)

Superbe épreuve du premier état.

MECKEN (ISRAEL DE)

Bartsch, Peintre-Graveur. t. VI, p. 184.

395 — Le Massacre des Innocents. (B. 38.)

Magnifique épreuve.

396 — Sainte Agathe. (B. 117.)

Magnifique épreuve. (Collection W. Esdaile.)

397 — Sainte Barbe. (B. 122.)
Magnifique épreuve.

398 — Sainte Odilie. (B. 131.)

Superbe épreuve. (Collections Lloyds et W. Esdaile.)

399 — La sainte Famille. (B. 148).
Très-rare et superbe épreuve. Pièce capitale.

400 — Rinceau d'ornement, sur lequel est représentée une
femme environnée de six hommes qui dansent.
(B. 201.)

Magnifique épreuve.

401 — Rinceau d'ornement, sur lequel est représenté un
combat de sauvages. (B. 207.)

Magnifique épreuve.

MEYER (Melchior)

402 — Apollon faisant écorcher Marsyas.

Très-belle épreuve.

MORIN (Jean)

403 — Portrait du Cardinal Bentivoglio, d'après **Van Dyck.**
(R. D. 43.)

Superbe épreuve de la pièce la plus recherchée du maître.

MONTAGNA (Benoit)

Bartsch, Peintre-Graveur, t. XIII, p. 332.

404 — La Naissance d'Adonis. Deux femmes reçoivent un
enfant sortant du creux d'un arbre. Le nom de
Benedeto montagna est au haut de la gauche de
l'estampe. (B. 20.)

Magnifique épreuve. Très-rare.

NAIWJNCX (Henri)

Bartsch, Peintre-Graveur, t. IV, p. 79.

405 — Paysage où l'on voit deux arbres dont les couronnes
remplissent toute la partie supérieure de la planche. (B. 9.)

Belle épreuve.

406 — Paysage où l'on voit un rocher escarpé sur la gauche.
(B. 16.)

Très-belle épreuve.

NANTEUIL (Robert)

Robert Dumesnil, Peintre-Graveur français, t. IV, p. 35.

407 — Portrait de Bellièvre (Pomponne de), premier prési-
dent au Parlement de Paris. (R. D. 37.)

Superbe épreuve du deuxième état, avec marges.

408 — Portrait de Retz (Jean-François-Paul de Gondi, cardinal de). (R. D. 217.)

Magnifique épreuve du premier état. Rare.

NEYTS (GILLES)

Bartsch, Peintre-Graveur, t. IV, p. 305.

409 — Le petit Pont. (B. 5.)
Très-belle épreuve.

410 — Le Cavalier. (B. 6.)
Très-belle épreuve.

411 — Le Palefrenier. (B. 7.)
Très-belle épreuve.

NICOLETO (DE MODÈNE OU ROSEX)

Bartsch, Peintre-Graveur, t. XIII, p. 254.

412 — La Visitation. (B. 7.)
Très-belle épreuve d'une estampe très-rare.

413 — Le Triomphe du Temps, de la suite des Triomphes
de Pétrarque. (B. 43.)

Magnifique épreuve de la plus grande rareté.

414 — Les Amours de Jupiter et de Léda. (B. 46.)

M. E. Galichon, dans son excellent travail sur le maître Jean-
Baptiste del Porto (dit le Maître à l'oiseau), a restitué cette pièce
au maître dont elle a porté le monogramme supprimé par des travaux. Très-belle épreuve.

415 — Trois Daims qui se reposent. On remarque, à gauche
de l'estampe, lés Ruines d'un portique et sur une
pierre mutilée le nom de *Nicoleto da Modena*.
(B. 61.)

Belle et très-rare.

NOORDT (VAN)

416 — Un Troupeau, composé de béliers, boucs et chèvres,
deux bœufs et un chien, d'après P. de Laer.
Superbe épreuve avec une grande marge.

417 — Un Paysage entouré de ruines, un homme et une femme qui marchent ensemble, d'après P. Lasteman.

Très-belle épreuve.

OSTADE (Adrién Van)

Bartsch, Peintre-Graveur, t. I, p. 349.

417 bis — Le Portrait d'Ostade gravé à la manière noire par J. Gole d'après C. Dusard.

Très-belle épreuve.

418 — Paysan avec une petite toque noire. (B, 1.)

Épreuve tirée avant le trait carré et les initiales du maître. (Collection W. Esdaile.)

419 — Paysanne qui rit, (B. 3.)

Épreuve tirée avant le trait carré et les initiales du maître. (Collection W. Esdaile.)

420 — Paysan avec un bonnet pointu. (B. 3.)

Belle épreuve avant la bordure, d'un ton gris et monotone ; avan beaucoup de travaux ajoutés.

421 — La même estampe.

Épreuve tirée avant le travail très-serré à la pointe sèche, produisant l'effet de la manière noire.

422 — La même estampe.

Épreuve tirée avant les derniers travaux et avant que l'angle gauche inférieur ait été légèrement tronqué.

423 — Paysan qui rit. (B. 4.)

Épreuve tirée de la planche terminée.

424 — Le Fumeur, (Planche ovale). (B. 5.)

Épreuve entièrement terminée.

425 — Le Fumeur riant. (B. 6.)

Épreuve avant le trait échappé sur le bord du bonnet, entre l'œil droit et l'oreille du personnage.

428 — Paysan sonnant du cor. (B. 7.)

> Épreuve tirée avant divers travaux à la pointe sèche et au burin.
> NOTA. Il y a trois états postérieurs à celui-ci.

429 — La même estampe.

> Épreuve tirée avant divers travaux faits depuis à la planche.
> NOTA. Il y a deux états postérieurs à celui-ci.

430 — Le Vieilleur. (B. 8.)

> Épreuve du 2ᵉ état et tirée avant que les travaux dans les ombres aient été repris au burin.

431 — La même estampe.

> Épreuve tirée avant des travaux ajoutés depuis au burin, sur le front du personnage et sur la vielle.
> NOTA. Il existe trois états postérieurs à celui-ci.

432 — L'Homme appuyé sur le bas de sa porte. (B. 9.)

> Épreuve terminée.

433 — Le Fumeur à la fenêtre. (B. 10.)

> Épreuve du 1ᵉʳ état, imprimée en rouge.

434 — La même estampe.

> Épreuve tirée avant divers travaux ajoutés depuis au burin, principalement au bonnet et au front du personnage ; elle a une grande marge. (Collection Hermann-Weber.)

435 — La tendresse champêtre. (B. 11.)

> Rare épreuve tirée avant nombre de travaux exécutés depuis en différentes fois, principalement sur le chapeau de l'homme, pour mieux le détacher du front.

436 — La même estampe.

> Épreuve avec le chapeau mieux exprimé que dans l'état précédent, mais avant le travail très-serré à la pointe sèche, produisant l'effet de la manière noire, notamment sur l'épaule droite du vieillard. Rare de cette beauté.

437 — L'Homme et la Femme causant ensemble. (B. 12.)

> Première et très-rare épreuve tirée avant les changements et avant les tailles perpendiculaires sur l'habit et la main gauche de l'homme vu de face.

438 — La même estampe.

Épreuve tirée avec le travail de la pointe sèche, produisant l'effet de la manière noire, mais avant que le trait carré ait été renforcé.

Nota. Il existe deux états postérieurs à celui-ci.

439 — Les Fumeurs. (B. 13.)

Épreuve tirée avant le trait carré et avant quelques tailles diagonales ajustées depuis sur la jambe. Extrêmement rare.

440 — La même estampe.

Épreuve tirée avant que le coin du haut, à droite, ait été terminé.

Nota. Il existe deux états postérieurs à celui-ci.

441 — La Mère et les deux Enfants. (B. 14.)

Épreuve tirée avant les tailles diagonales sur le fond, au-dessous du bras droit de la femme.

442 — La Cruche vide. (B. 15.)

Épreuve tirée avec le travail très-serré à la pointe sèche, produisant l'effet de la manière noire, mais avant que le quatrième pied de la table ait été fortement exprimé. Très-rare de cette beauté.

443 — La même estampe.

Épreuve tirée avec le travail à la pointe sèche, produisant l'effet de la manière noire.

Nota. Il y a quatre états postérieurs à celui-ci.

444 — La Poupée demandée. (B. 16.)

Première épreuve d'eau-forte pure. De la dernière rareté.

445 — La même estampe.

Belle épreuve du 2ᵉ état.

446 — L'École. (B. 17.)

Première épreuve tirée avant le travail à la pointe sèche, produisant l'effet de la manière noire.

447 — La même estampe.

Deuxième épreuve tirée avec le travail à la pointe sèche, produisant l'effet de la manière noire, mais avant les derniers travaux.

448 — Le Coup de couteau. (B. 18.)

Épreuve avec les travaux ajoutés sur la voûte, derrière l'homme qui est à droite, mais avant les tailles diagonales sur la partie ombrée du dos du joueur qui cherche à retenir un des combattants.

449 — La même estampe.

Épreuve tirée avant divers travaux faits depuis en deux différentes fois, notamment les tailles diagonales sur la partie ombrée de l'homme qui cherche à retenir un des combattants.

450 — La même estampe.

Épreuve tirée avec les travaux additionnels. (Collection W. Esdaile.)

451 — Les Harangueurs. (B. 19.)

Superbe épreuve avant la bordure gravée. (Collection W. Esdaile.)

452 — Gueux au dos courbé. (B, 20.)

Épreuve du 1ᵉʳ état, avant que la bordure ait été renforcée au burin.

453 — La Grange. (B. 23.)

Superbe épreuve tirée avant divers genres de travaux, notamment les contre-tailles à la partie ombrée de la poutre. Extrèmement rare de cette beauté.

454 — La même estampe.

Épreuve tirée avant le travail très-serré à la pointe sèche, produisant l'effet de la manière noire au bas de la droite.

455 — La même estampe.

Rare épreuve, avec le trait carré rentré au burin et les contre-tailles sur la poutre, mais avant le travail très-serré à la pointe sèche, produisant l'effet de la manière noire dans les parties ombrées au bas de la droite.

456 — Homme et Femme marchant ensemble. (B. 24.)

Première et très-rare épreuve d'eau-forte pure, avant les angles du cuivre arrondi et le trait carré.

457 — La même estampe.

Très-rare épreuve tirée avec le trait carré, et avec la main droite et le tablier de l'homme mal indiqués.

458 — La même estampe.

Épreuve avec la main droite et le tablier de l'homme mieux exprimés, mais avant les derniers travaux ajoutés dans les ombres, notamment au-dessous du bras droit de la femme.

459 — Le Fumeur et le Buveur. (B. 24.)

Première et très-rare épreuve tirée avant le trait carré renforcé et avant le travail très-serré à la pointe sèche, produisant l'effet de la manière noire dans les parties ombrées.

460 — La même estampe.

Épreuve avec la pointe sèche, produisant l'effet de la manière noire, mais avant divers autres travaux.

461 — La dévideuse à la porte de sa maison. (B. 25.)

Épreuve tirée avant divers travaux au-dessus du genoux gauche de la femme.

462 — Les Pêcheurs. (B. 26.)

Épreuve tirée avant divers travaux au burin, sur le premier plan, et avant que le trait carré ait été renforcé, etc.

Nota. Il existe trois états postérieurs à celui-ci.

463 — La même estampe.

Épreuve tirée avant que le trait carré ait été renforcé au burin.

464 — Le Savetier. (B. 27.)

Épreuve de la plus grande rareté, avant grand nombre de travaux exécutés depuis en différentes fois, et avant le nom du maitre, mieux exprimé et le trait carré renforcé; elle est aussi ayant beaucoup de contretailles en divers sens, qui existent déjà sur des épreuves où le nom du graveur et la bordure ne sont encore que légèrement indiqués, notamment sur le baquet près de la fontaine.

465 — La même estampe.

Très-belle épreuve avec la bordure faible, avec les travaux sur le baquet, et avant la continuation des feuilles de vigne sur le toit de la maison à droite.

466 — Trois figures grotesques. (B. 28.)

Rare épreuve avant le travail de la pointe sèche, produisant l'effet de la manière noire.

467 — La même estampe.

Epreuve avec la manière noire, mais avant divers autres travaux faits depuis à la planche.

468 — Le Marchand de lunettes. (B. 29.)

Epreuve avec l'effet de la manière noire, mais avant divers autres travaux exécutés depuis en différentes fois, notamment les contre-tailles horizontales sur l'ouverture de la cabane à porcs.

469 — La Chanteuse. (B. 30.)

Première et rarissime épreuve tirée avant les planches sous la table, avant le nom et le fond.

470 — La même estampe.

Epreuve tirée avant divers travaux sur le fond, derrière la femme et l'homme assis.

NOTA. Il existe trois états postérieurs à celui-ci.

471 — La Fileuse. (B. 31.)

Première et très-rare épreuve tirée avec le trait carré légèrement exprimé, et avant grand nombre de travaux exécutés depuis en différentes fois ; elle est aussi avant les tailles diagonales sur le ventre du cochon couché.

472 — Le Peintre. (B. 32.)

Superbe épreuve, avec le bonnet élevé.

473 — La même estampe.

Rare épreuve tirée avec beaucoup de travaux, soit à la pointe sèche, soit au burin, et avant que le léger travail sur le poteau qui soutient l'escalier ait été effacé, etc.

NOTA. Il existe cinq états postérieurs à celui-ci.

474 — Le Père de famille. (B. 33.)

Très-rare épreuve, tirée avant que le trait carré ait été renforcé.

475 — La même estampe.

Rare épreuve, tirée avec le trait carré renforcé, mais avant que le léger travail à la pointe sèche ait disparu.

476 — Le Bénédicité. (B. 34.)

Épreuve tirée avant que le fond ait été raccordé, derrière la tête du vieillard, et avant divers autres travaux exécutés en différentes fois, soit à la pointe sèche, soit au burin.

NOTA. Il existe trois états postérieurs à celui-ci.

477 — L'Épouilleuse. (B. 35.)
Pièce rare.

478 — L'Émouleur. (B. 36.)

Épreuve avant que le trait carré ait été renforcé au burin.

479 — La même estampe.

Épreuve avec le travail très-serré à la pointe sèche, produisant l'effet de la manière noire, dans les parties ombrées, mais avant que le trait carré ait été renforcé au burin.

480 — L'Homme conversant avec la femme. (B. 37.)

Première et très-rare épreuve d'eau-forte pure.

481 — La même estampe.

Rare épreuve avec le trait carré renforcé et le puits à bascule mieux exprimé, mais avant les contretailles sur la cuisse de l'homme, au-dessous de son manteau.

482 — La même estampe.

Épreuve tirée avant que le trait ait été renforcé, etc.
NOTA. Il existe deux états postérieurs à celui-ci.

483 — Les Musiciens ambulants. (B. 38.)

Rare épreuve avec le trait carré renforcé, mais avant les deux éraillures, l'une devant le jeune garçon battant du tambour, l'autre sur le banc.

484 — La même estampe.

Épreuve avec l'éraillure seulement sur le banc, l'autre ayant disparu, mais avant le travail très-serré à la pointe sèche, produisant l'effet de la manière noire, notamment sur le genou droit du joueur de hautbois.

485 — Le Tric-trac. (B. 39.)

Epreuve avec le travail très-serré à la pointe sèche, dans les parties ombrées, mais avant que le fond ait été couvert de nouveaux travaux en différentes fois.

486 — Les Deux commères. (B. 40.)

Epreuve avec le trait échappé.

487 — Le Charcutier. (B. 41.)

Première épreuve d'eau-forte pure. Extrêmement rare de cette beauté.

488 — La même estampe.

Epreuve poussée à l'effet, mais avant divers travaux, notamment la taille horizontale sur le poteau qui contient la treille ; elle est aussi avant que les angles supérieurs du cuivre aient été très-arrondis.

489 — Le Paysan payant son écot.

Très-rare épreuve tirée avant des tailles diagonales ajoutées depuis sur plusieurs parties du fond, notamment entre l'homme assis près du feu et le manteau de la cheminée.

490 — La même estampe.

Epreuve poussée à l'effet avec le travail très-serré à la pointe sèche, dans les parties ombrées, mais avant divers autres travaux, notamment les tailles perpendiculaires au-dessous du banc, derrière la femme.

491 — Le Charlatan. (B. 43.)

Première et très-rare épreuve avant les changement. Elle est doublée.

492 — La même estampe.

Epreuve tirée avant beaucoup de travaux.
Nota. Il y a cinq états postérieurs à celui-ci.

493 — La même estampe.

Très-rare épreuve tirée avant la totalité du travail à la pointe sèche, produisant l'effet de la manière noire.
Nota. Il y a quatre états postérieurs à celui-ci.

494 — Le Joueur de violon bossu. (B. 44.)

Très-belle épreuve.

495 — Le Violon et le petit vielleur. (B. 45.)

Epreuve tirée avant les tailles horizontales sur la tour, et avant divers autres travaux.

Nota. Il y a deux états postérieurs à celui-ci.

496 — La Famille. (B. 46.)

Epreuve tirée avec la totalité de l'effet de la manière noire dans les parties ombrées, mais avant les travaux additionnels exécutés au burin.

497 — La Fête sous la treille. (B. 47.)

Epreuve tirée avec le travail à la pointe sèche près du coude de la petite fille, mais avant divers autres travaux à droite, sur le terrain et sur le cochon.

Nota. Il y a deux états postérieurs à celui-ci.

498 — La Fête sous le grand arbre. (B. 48.)

Epreuve tirée avant que les deux éraillures presque perpendiculaires sur le ciel, entre le gros arbre et la chaumière, aient disparu.

499 — La danse au cabaret. (B. 49.)

Superbe épreuve avec la bordure faible et avant beaucoup de travaux. Très-rare.

500 — La même estampe.

Epreuve tirée avant divers travaux faits depuis en différentes fois, soit à la pointe sèche soit au burin.

Nota. Il y a quatre états postérieurs à celui-ci.

501 — Le goûté. (B. 50.)

Épreuve tirée avant beaucoup de travaux, notamment sur le bonnet de la petite fille, le coussin de la chaise de l'homme qui tient un verre à la main et qui est debout, avec la bordure faible et avant les contretailles sur la porte de la cave. Très-rare.

502 — La même estampe.

Epreuve tirée avant divers travaux faits depuis en différentes fois, soit à la pointe sèche, soit au burin.

Nota. Il existe trois états postérieurs à celui-ci.

503 — Le Paysan lâchant de l'eau au pied d'un gros arbre, au bas du terrain à gauche. A. O. S.

Pièce en hauteur mentionné dans le catalogue Rigal.

PENTCZ (Georges)

Bartsch, Peintre-Graveur, t. VIII; p. 319.

504 — Joseph raconte ses songes à son père. (B. 9.)
Très-belle épreuve.

505 — Joseph descendu par ses frères dans une citerne. (B. 10.)
Belle épreuve.

506 — La Parabole du père de famille. (B. 36.)
Superbe épreuve.

507 — Jésus–Christ à la croix, 1547. (B. 57.)
Magnifique épreuve.

508 — Les Sept œuvres de miséricorde. Suite complète de sept estampes de forme ronde. (B. 58-64.)
Superbes épreuves.

509 — Médée remettant entre les mains de Jason ses dieux pénates. (B. 71.)
Très-belle épreuve.

510 — Horace Coclès défendant, lui seul, la tête du pont de Rome contre l'armée de Porsenna. (B. 80.)
Superbe épreuve.

511 — Porsenna recevant la nouvelle de l'évasion de Clélie. (B. 81.)
Superbe épreuve.

512 — La Courtisane qui avait fait insulte au poëte Virgile, est punie de son indiscrétion, (B. 88.)
Superbe épreuve.

513 — Les six triomphes décrits par Pétrarque : le triomphe
de l'Amour, le triomphe de la Chasteté, le triomphe de la Renommée, le triomphe du Temps, le
triomphe de la Mort et le triomphe de l'Eternité.
(B. 117-122.)

Suite complète de six estampes. Très-belles épreuves.

514 — Portrait de Jean-Frédéric, électeur de Saxe, sur-
nommé le Magnanime. Ce portrait est renfermé
dans une bordure ornée de quatorze écussons
d'armes. (B. 126.)

Superbe et très-rare épreuve.

PONTIUS (Paul)

515 — Portrait de Jacques Roelans, d'après Willebords.

Superbe épreuve avant la lettre, avec grandes marges. (Collection
François Lousberg.)

POTTER (Paul)

516 — La Vache qui pisse. (B. 6.)

Très-rare épreuve, avant le numéro et avant le nom du maître.

517 — Différents chevaux : le cheval de la Frise, le cheval
hennissant, le courtaud, les chevaux de charrue,
et la mazette. (B. 9-14.)

Suite de cinq estampes. Magniques épreuves d'une même égalité
de tirage et très-rares.

518 — Le Vacher. (B. 14.)

Ancienne et belle épreuve.

519 — Le Berger. (B. 15.)

Superbe épreuve avec l'adresse de Clément de Jonghe *excudit*,
qui a été effacée dans les épreuves postérieures, et avec le chiffre 2
à la gauche du bas, très-apparent.

5

ŒUVRE DE REMBRANDT

PREMIÈRE CLASSE.

PORTRAITS DE REMBRANDT.

520 — Portrait de Rembrant aux cheveux crépus. (B. 1).
Cl. 1.

(Collection Herman Weber.)

521 — Portrait de Rembrandt aux trois moustaches. (B. 2).
Cl. 2.

Très-belle épreuve.

522 — Portrait de Rembranddt au visage rond. (B. 5). Cl. 5.

Très-belle épreuve. (Collection R. Dumesnil.)

523 — Portrait de Rembrant avec le bonnet fourré et l'habit noir. (B. 6). Cl. 6.

Très-belle épreuve. Rare.

524 — Portrait de Rembrandt aux cheveux hérissés. (B. 8).
Cl. 8.

Belle épreuve. (Collection Debois.)

525 — Portrait de Rembrandt à bonnet et robe fourrés. (B. 14). Cl. 14.

Très-belle épreuve.

526 — Portrait de Rembrandt au manteau avec le collet pendant. (B. 15). Cl. 15.

Belle épreuve.

527 — Portrait de Rembrandt au bonnet rond. (B. 16). Cl. 16.

Belle épreuve. (Collections Wolterbech et Van den Zande.)

528 — Portrait de Rembrandt avec d'écharpe autour du cou.
(B. 17.)

Très-belle épreuve.

529 — Portrait de Rembrandt tenant un sabre. (B. 18).
Cl. 18.

Belle épreuve. (Collection Debois.)

530 — Portrait de Rembrandt et sa Femme. (B. 19). Cl. 19.

Belle épreuve.

531 — Portrait de Rembrandt au bonnet orné d'une plume.
(B. 20). Cl. 20.

Superbe épreuve avant la retouche ; on lit dans le haut, vers la
gauche, en caractères légèrement tracés : *Rembrandt f.* 1638 ; nom
et date qui ont disparu dans les épreuves postérieures. (Collection
de Férol.)

532 — Portrait de Rembrandt appuyé. (B. 21). Cl. 21.

Belle épreuve, avec le nom très-apparent, du plus beau portrait de
Rembrandt.

533 — Portrait de Rembrandt dessinant. (B. 22). Cl. 22.

Belle épreuve. (Collection H. Weber.)

534 — Portrait de Rembrandt, en ovale. (B. 23). Cl. 23.

Superbe épreuve du 2ᵉ état, de la planche coupée dans une forme
ovale, avec quatre oreilles. On ne connaît que quatre épreuves de la
grande planche, qui sont de la dernière rareté : une à la bibliothèque royale d'Amsterdam ; la seconde en Angleterre ; la troisième
à la Bibliothèque impériale de Paris, et la quatrième, qui se trouvait
dans le cabinet de M. Denon, est passée ensuite dans la célèbre collection de M. le baron Verstolk de Soelen. Extrêmement rare.

535 — La même estampe.

Belle épreuve du 3ᵉ état ; les oreilles sont supprimées. (Collections
J. Bernard et de Férol.

536 — Portrait de Rembrant au bonnet fourré et habit blanc. (B. 24). Cl. 24.

Rare.

537 — Portrait de Rembrandt à cheveux courts et frisés. (B. 26). Cl. 26.

Belle épreuve du 1er état avant le nom de Rembrandt.

538 — Portrait de Rembrandt vu de face et riant. (B. 316). Cl. 29.

Très-belle épreuve d'un portrait rare.

539 — Tête de Rembrandt aux yeux hagards, coiffée d'un bonnet coupé par le haut. (B. 320). Cl. 33.

Belle épreuve. (Collection Herman Weber.)

DEUXIÈME CLASSE.

SUJETS DE L'ANCIEN TESTAMENT.

540 — Adam et Ève. (B, 28). Cl. 34.

Magnifique épreuve du 1er état, avec un reflet de lumière sur la cuisse d'Ève. (Collection Aylesford.)

541 — Abraham qui reçoit les Trois Anges. (B. 29). Cl. 35.

Très-belle épreuve tirée avec des barbes. (Collection Poggi.)

542 — Agar renvoyée par Abraham. (B. 30). Cl. 37.

Belle épreuve.

543 — Le Sacrifice d'Abraham. (B. 35). Cl. 36.

Très-belle épreuve.

544 — David combattant Goliath, de la suite des quatre sujets pour un livre espagnol. (B. 36). Cl. 40.

Très-belle épreuve. Rare.

545 — La Statue de Nabuchodonosor, de la même suite.
(B. 36). Cl. 40.

Magnifique épreuve du 1er état, imprimée sur papier du Japon.
Rare.

546 — La Vision d'Ézéchiel, de la même suite. (B. 36).
Cl. 40.

Très-belle épreuve sur papier du Japon.

547 — Joseph raccontant ses Songes devant sa Famille.
(B. 37). Cl. 41.

Très-rare et superbe épreuve du 1er état, avant que le visage et le
turban du frère de Joseph, qui est debout derrière lui, aient été om-
brés ; le rideau du lit, le battant de la porte et l'habillement de Jacob sont moins travaillés.

548 — La même estampe.

Très-belle épreuve.

549 — Jacob pleurant la mort de son fils Joseph. (B. 38).
Cl. 42.

Superbe épreuve.

550 — Joseph et la femme de Putiphar. (B. 39). Cl. 43.

Superbe épreuve tirée avant que le dossier du lit ait été changé d
forme ; elle a de la marge. (Collection J. Barnard.)

551 — Le Triomphe de Mardochée. (B. 40). Cl. 44.

Superbe épreuve avec beaucoup de manière noire. (Collections
G.-J. Morant et de Férol.)

552 — David en prière. (B. 41). Cl. 45.

Très-belle épreuve avec une grande marge.

553 — Tobie le père, aveugle. (B. 42). Cl. 46.

Belle épreuve.

554 — L'Ange qui disparaît devant la famille de Tobie. (B. 43). Cl. 47.

Très-belle épreuve avant les travaux de pointe sèche à la gauche du bas.

TROISIÈME CLASSE.

SUJETS DU NOUVEAU TESTAMENT.

555 — L'Annonciation aux Bergers. (B. 44). Cl. 48.

Superbe épreuve très-vigoureuse.

556 — La Nativité. (B. 45). Cl. 49.

Superbe épreuve.

557 — L'Adoration des Bergers. (B. 46). Cl. 50.

Belle épreuve.

558 — La Circoncision. (B. 47). Cl. 51.

Superbe épreuve d'un 1er état inconnu à Bartsch et à Claussin, avant les travaux à la pointe sèche vers le milieu du haut de la planche.

559 — La Circoncision. (B. 48). Cl. 52.

Superbe épreuve. Très-rare de cette beauté.

560 — Présentation au Temple. (B. 49). Cl. 53.

Très-belle épreuve du 2e état, avant les travaux qui ont rendu plus durs et plus sensibles les rayons qui descendent de la gauche.

561 — Présentation au Temple. (B. 50). Cl. 54,

Magnifique épreuve fort chargée de manière noire. Extrêmement rare.

562 — Présentation au Temple. (B. 51). Cl. 55.

Superbe épreuve. (Collection J. Barnard.)

563 — Fuite en Égypte. (B. 52). Cl. 56.

Très-belle épreuve du 1er état, avec le fond sale. Très-rare.

564 — Fuite en Égypte. (B. 53). Cl. 57.

Superbe épreuve très-poussée au noir. (Collection Debois.)

565 — Fuite en Égypte. (B. 55). Cl. 59.

Très-belle épreuve.

566 — Fuite en Égypte. (B. 56). Cl. 60.

Superbe épreuve. Extrêmement rare.

567 — Repos en Égypte. (B. 57). Cl. 61.

Très-belle épreuve. (Collections H. Weber et du prince de Paar.

568 — Repos en Égypte. (B. 58). Cl. 62.

Très-belle épreuve. (Collections Herman Weber et du prince de Paar.)

569 — Retour d'Egypte. (B. 60). Cl. 64.

Rare et superbe épreuve tirée de la planche non ébarbée ; les travaux à la pointe sèche sont fort chargés de manière noire. (Collection de Férol.)

570 — La Vierge et l'Enfant Jésus sur des nuages. (B. 61.) Cl. 65.

Belle épreuve.

571 — La Sainte Famille. (B. 62). Cl. 66.

Belle épreuve.

572 — La Sainte Famille. (B. 63). Cl. 67.

Très-belle épreuve.

573 — Jésus-Christ au milieu des docteurs. (B. 64). Cl. 68.

Belle épreuve.

574 — Jésus-Christ disputant avec les docteurs de la loi. (B. 65). Cl. 69.

Superbe et très-rare épreuve du 1er état, avec de la manière noire, principalement au bonnet élevé de la figure qui est derrière Jésus-Christ et avant les taches de vert-de-gris qui sont dans le haut de la planche, que l'on voit dans les épreuves postérieures.

575 — La même estampe.

Très-belle épreuve du 2e état.

576 — Jésus-Christ prêchant, ou la petite tombe. (B. 67.) Cl. 71.

Superbe épreuve du 1er état, sur papier de Chine, avant que les travaux à la pointe sèche aient été ébarbés : l'homme, coiffé d'un turban, debout sur le devant, à gauche, a le bras droit et le vêtement fort poussé au noir. (Collection de Férol.)

577 — Le Dénier de César. (B. 68). Cl. 72.

Belle épreuve.

578 — Jésus-Christ chassant les vendeurs du Temple. (B. 69) Cl. 73.

Très-belle épreuve du 1er état.

579 — La Samaritaine. (B. 70). Cl. 74.

Très-rare épreuve lavée à la sépia.

580 — La même estampe.

Très-belle épreuve.

581 — Petite Résurrection de Lazare. (B. 72). Cl. 76.

Belle épreuve.

582 — La grande Résurrection de Lazare. (B. 73). Cl. 77.

Ancienne épreuve.

583 — Jésus-Christ guérissant les malades, ou la pièce de cent florins. (B. 74). Cl. 78.

Superbe épreuve du 1er état de Bartsch, d'un ton velouté, sur papier du Japon, d'une conservation parfaite et avec un peu de marge, provenant de la collection Robert Dumesnil, avec cette mention : *Je n'en connais point de plus belle.* Elle provient aussi de la collection Samuel Festetits. Extrêmement rare.

584 — Jésus-Christ dans le jardin des oliviers. (B. 75). Cl. 79.

Superbe épreuve sur papier de Chine, tirée de la planche non-ébarbée.

585 — La même estampe.

Très-belle épreuve encore chargée de barbes.

586 — Jésus-Christ présenté au peuple. (B. 76). Cl. 80.

Très-belle épreuve d'un état intermédiaire entre le 2e et le 3e état, avant le nom de Rembrandt et l'année. non décrit par Bartsch et Claussin. (Collection W. Esdaile.)

587 — La même estampe.

Superbe épreuve du 4e état. Toutes les figures effacées et remplacées par un socle blanc.

588 — Ecce Homo. (B. 77). Cl. 82.

Très-rare et magnifique épreuve du 2e état, avant les contre-tailles sur le visage du juif qui est au-dessus de celui qui porte le roseau. Elle est d'une grande vigueur de ton.

589 — La même estampe.

Superbe épreuve du 3e état avec les contre-tailles.

590 — Les trois Croix. (B. 78). Cl. 81.

Magnifique épreuve du 2e état, remplie de barbes ; elle ne diffère du 1er état que parce qu'elle porte le nom de Rembrandt et que la tête du vieillard affligé, qui est à gauche, est terminée. De la plus grande rareté. (Collection Aylesford.)

591 — La même estampe.

Belle épreuve du 3ᵉ état, la composition totalement changée.

592 — Jésus-Christ en croix entre les deux larrons. (B. 79). Cl. 84.

Belle épreuve.

593 — Jésus-Christ en croix. (B. 80). Cl. 85.

Belle épreuve.

594 — La grande Descente de croix. (B. 81). Cl. 83.

Très-belle épreuve du 3ᵉ état, avec l'adresse de Hendrikus Ulen-
burgensis. Elle est doublée.

595 — Descente de croix. (B. 82). Cl. 86.

Très-belle épreuve.

596 — Descente de croix. (B. 83). Cl. 87.

Superbe épreuve avec beaucoup de barbes.

597 — Le Transport de Jésus-Christ au tombeau. (B. 84).

Très-belle épreuve avec des barbes.

598 — Jésus-Christ au tombeau. (B. 86). Cl. 90.

Superbe épreuve du 2ᵉ état, fort poussée au noir, sur papier du
Japon.

599 — La même estampe.

Superbe épreuve d'un ton plus clair.

600 — Les Disciples d'Emaüs. (B. 87). Cl. 91.

Belle épreuve.

601 — Jésus-Christ au milieu de ses disciples. (B. 89). Cl. 93.

Très-belle épreuve.

602 — Le bon Samaritain. (B. 90). Cl. 94.

Magnifique épreuve du 1ᵉʳ état, avec la queue du cheval et le mur d'appui du perron blancs, et avant le nom du maître. De la plus grande rareté.

603 — La même estampe.

Très-belle épreuve portant les signatures P. Mariette, 1667, au haut de la partie supérieure droite de l'estampe, et de 1674, au verso.

604 — La Décollation de saint Jean-Baptiste. (B. 92). Cl. 96.

Belle épreuve sur papier de Chine.

605 — Pierre et Jean à la porte du Temple. (B. 94). Cl. 97:

Magnifique épreuve du 1ᵉʳ état, très-chargée de barbes, portant, au verso les initiales R. Y., 1686. Extrêmement rare.

606 — La même estampe.

Très-belle épreuve. (Collection Ackerman.)

607 — Le Retour de l'Enfant prodigue. (B. 91). Cl. 95.

Belle épreuve. (Collection J. Camesina, de Milan.)

608 — Le Martyre de saint Etienne. (B. 97). Cl. 700.

Très-belle épreuve.

609 — Baptême de l'Eunuque. (B. 98). Cl. 101.

Très-belle épreuve.

610 — La Mort de la Vierge. (B. 99). Cl. 102.

Superbe épreuve avec les travaux sur le fauteuil, mais avant les travaux très-serrés produisant l'effet de la manière noire. (Collection Hermann Weber.)

QUATRIÈME CLASSE.

SUJETS PIEUX.

611 — Saint Jérôme. (B. 100). Cl. 103.

Très-belle épreuve.

612 — Saint Jérôme. (B. 101). Cl. 104.

Belle épreuve sur papier de Chine.

613 — Saint Jérôme. (B. 103). Cl. 106.

Superbe épreuve du 1ᵉʳ état, sur papier du Japon, tirée avec beaucoup de barbes, avant le nom de Rembrandt et avant les deux traits qui le renferment. De la plus grande rareté. (Collection J. Camesina.)

614 — La même estampe.

Très-belle épreuve du 2ᵉ état, avec le nom de Rembrandt et l'année 1640. Les travaux à la pointe sèche sont fort chargés de manière noire.

615 — Saint Jérôme, gravée dans le goût de Albert Durer, (B. 104). Cl. 107.

Très-belle épreuve avec de la marge. (Collection de Férol.)

616 — Saint Jérôme. (B. 105). Cl. 108.

Belle épreuve du 2ᵉ état.

617 — Saint François à genoux. (B. 107). Cl. 110.

Magnifique épreuve fort chargée de barbes. Elle porte au verso la signature de Samuel Festetits.

CINQUIÈME CLASSE.

SUJETS ALLÉGORIQUES, HISTORIQUES ET DE FANTAISIE.

618 — La Jeunesse surprise par la mort. (B. 109). Cl. 111.

Très-belle épreuve d'un morceau rare.

619 — La Fortune contraire. (B. 111). Cl. 113.

Très-belle épreuve avec le trait échappé au haut du mât, très-visible.

620 — La Médée, ou le mariage de Jason et de Creuse. (B. 112). Cl. 114

Magnifique épreuve du 1ᵉʳ état, sur papier du Japon, avant la couronne sur la tête de Junon, avant le nom de Rembrandt et les quatre vers hollandais dans la marge du bas. Très-rare; elle a une petite marge.

621 — La même estampe.

Très-belle épreuve du 3ᵉ état, avec le nom de Rembrandt et les quatre vers hollandais dans la marge du bas.

622 — L'Étoile des rois. (B. 113). Cl. 115.

Superbe épreuve fort chargée de manière noire, avec une petite marge.

623 — Chasse aux lions. (B. 114). Cl. 116.

Très-belle épreuve.

624 — Chasse aux lions. (B. 115). Cl. 117.

Très-belle épreuve.

625 — Chasse aux lions. (B. 116). Cl. 118.

Très-belle épreuve. Ce morceau fait le pendant du précédent.

626 — Sujet de bataille. (B. 117). Cl. 119.

Superbe épreuve du 2ᵉ état, avec le fond d'une teinte grise dans le goût du lavis. Très-rare.

627 — Trois figures orientales. (B. 118). Cl. 120.

Très-belle épreuve. (Collection Poggi.)

628 — Les Musiciens ambulants. (B. 119). Cl. 121.

Très-rare épreuve lavée à la sépia. (Collection Böhm.)

629 — Le Vendeur de mort-aux-rats. (B. 121). Cl. 123.

Belle épreuve.

630 — Le petit Orfèvre. (B. 123). Cl. 125.

Superbe épreuve sur papier du Japon, avec beaucoup de manière noire.

631 — La Faiseuse de kouks. (B. 124). Cl. 126.

Très-belle épreuve. (Collection Böhm.)

632 — Le Jeu de Kolf. (B. 125). Cl. 127.

Superbe épreuve.

633 — Synagogue des Juifs. (B. 126). Cl. 128.

Belle épreuve d'un morceau du meilleur temps du maître.

634 — La Coupeuse d'ongles. (B. 127). Cl. supplém., page 105, n° 3.

Très-belle épreuve d'un morceau extrêmement rare.

635 — Le Maître d'école. (B 128). Cl. 129.

Très-belle épreuve.

636 — Le Dessinateur. (B. 130). Cl. 231.

Très-belle épreuve. (Collection H. Weber.)

637 — Le Paysan avec sa Femme et son Enfant. (B. 131). Cl. 132.

Belle épreuve.

638 — Juif à grand bonnet. (B. 133). Cl. 133.

Très-belle épreuve.

639 — La Femme aux ognons. (B. 134). Cl. 134.

Superbe épreuve. Extrêmement rare.

640 — Paysan, les mains derrière le dos. (B. 135). Cl. 135.

Très-belle épreuve.

641 — Le Joueur de cartes. (B. 136). Cl. 136.

Première épreuve avec l'angle supérieur du haut de la droite irrégulier, le fond moins travaillé.

642 — La même estampe.

Épreuve du 2ᵉ état, avec l'angle terminé et le fond plus travaillé (Collection Debois.)

643 — La même estampe.

Epreuve du 3ᵉ état, avec beaucoup de travaux ajoutés dans e fond. Ces trois états ne sont décrits ni par Bartsch ni par Claussin (Collection Debois.)

644 — Aveugle jouant du violon. (B. 138). Cl. 137.

Superbe épreuve. Rare.

645 — Homme à cheval. (B. 139). Cl. 138.

Belle épreuve.

646 — Figure polonaise. (B. 140). Cl. 136.

Très-belle épreuve d'un morceau rare. (Collection H. Weber.)

647 — Polonais portant sabre et bâton. (B. 141.). Cl. 140.

Très-belle épreuve, avec marge.

648 — Paysan et paysanne marchant. (B. 144.) Cl. 143.

Très-belle épreuve.

649 — Philosophe en méditation. (B. 147.) Cl. 144.

Très-belle épreuve d'un morceau extrêmement rare, gravé d'une manière légère. (Collection du prince de Paar.)

650 — Homme méditant. (B. 148.) Cl. 145.

Très-belle épreuve du 3ᵉ état. (Collection Camesina.)

651 — Vieillard sans barbe. (B. 150.) Cl. 147.

Très-belle épreuve,

652 — Vieillard à courte barbe. (B. 151.) Cl. 148.

Belle épreuve.

653 — Le Persan. (B. 152.) Cl. 149.

Belle épreuve.

654 — Le Cochon. (B. 157.) Cl. 154.

Très-belle épreuve. Extrêmement rare de cette qualité. (Collection
Bóhm.)

655 — Le petit Chien endormi. (B. 158.) Cl. 155.

Belle épreuve très-fine. Très-rare. (Collection W. Esdaile.)

656 — La Coquille. (B. 159.) Cl. 156,

Superbe épreuve. (Collection Bóhm.)

SIXIÈME CLASSE.

GUEUX OU MENDIANTS.

657 — Gueux debout. (B. 162.) Cl. 159.

Belle épreuve.

658 — Gueux debout. (B. 163.) Cl. 160.

Très-belle épreuve, avec marge. (Collection Aylesford.)

659 — Gueux et gueuse (B. 164.) Cl. 161.

Belle épreuve.

660 — Deux mendiants, homme et femme, à côté d'une
butte. (B. 165.) Cl. 162.

Superbe épreuve de la planche plus grande, ainsi que le rocher
qui est à gauche. Extrêmement rare.

661 — La même estampe.

Très-belle épreuve du 3e état, avant les travaux à la pointe sèche
sur le manteau du mendiant.

262 — Gueux dans le goût de Callot. (B. 166.) Cl. 163.

Superbe épreuve du 1er état ; la planche plus grande. Avant de nombreux travaux sur tous les vêtements.

663 — La même estampe.

Superbe épreuve, avec les travaux ajoutés et la planche diminuée, portant la signature de P. Mariette 1650. (Cabinets Buckingam et Verstolk de Soelen.)

664 — Gueux à manteau déchiqueté. (B. 167.) Cl. 164.

Très-rare épreuve du 1er état, avec le visage et la jambe droite blancs.

665 — La même estampe.

Très-belle épreuve du 3e état, avec les travaux ajoutés.

666 — La Femme à la calebasse. (B. 168.) Cl. 165.

Très-belle épreuve.

667 — Vieille mendiante. (B. 170.) Cl. 167.

Première et très-rare épreuve tirée de la planche irrégulière et raboteuse sur les bords.

668 — Paysan déguenillé, les mains derrière le dos. (B. 172. Cl. 169.

Très-belle épreuve.

669 — Gueux assis au bas d'un mur. (B. 173). Cl. 170.

Très-belle épreuve de la planche irrégulière, avec les bords raboteux.

670 — Gueux assis sur une motte de terre. (B. 174.) Cl. 171.

Très-belle épreuve du 1er état, avant le nom du maître écrit en toutes lettres.

671 — Vieux Mendiant assis, accompagné de son chien. (B. 175). Cl. 172.

Superbe épreuve d'une pièce extrêmement rare.

6

672 — Mendiants à la porte d'une maison. (B. 176). Cl. 173.

Belle épreuve.

673 — Deux Gueux en pendants. (B. 177-178.) Cl. 174-175.

Très-belles épreuves.

674 — Gueux estropié. (B. 179.). Cl. 176.

Très-belle épreuve.

SEPTIÈME CLASSE.

SUJETS LIBRES ET FIGURES ACADÉMIQUES.

675 — Le Lit à la française. (B. 186). Cl. 183.

Très-belle épreuve du deuxième état avant que la planche ait été diminuée sur la gauche; les travaux à la pointe sèche sont chargés de manière noire. De la plus grande rareté. (Collection de Férol.)

676 — L'Espiègle. (B. 188 et 185).

Ancienne épreuve.

677 — Le Vieillard endormi. (B. 189). Cl. 186.

Superbe épreuve d'un morceau rare.

678 — L'Homme qui pisse. (B. 190). Cl. 187.

Superbe épreuve portant les initiales P. M. 1672, et provenant de la collection Robert Dumesnil. Rare.

679 — Le Dessinateur, d'après le modèle. (B. 192). Cl. 189.

Très-belle épreuve.

680 — Homme nu assis. (B. 193). Cl. 190.

Superbe épreuve. (Collection Böhm.)

681 — Figures académiques d'hommes. (B. 194). Cl. 191.

Très-belle épreuve.

682 — Les Baigneurs. (B. 195). Cl. 192.

> Première épreuve avant la tache ronde en haut vers le milieu de l'estampe, et avant divers travaux légers dans la composition. (Collection Hermann Weber.)

683 — Académie d'un homme assis à terre. (B. 196). Cl. 193.

> Très-belle épreuve.

684 — La Femme devant le poêle. (B. 197). Cl. 194.

> Superbe épreuve du deuxième état avec la clef du poêle ombrée, sur papier du Japon. Très-rare.

685 — La même estampe.

> Très-belle épreuve du troisième état, la clef supprimée, tirée sur papier du Japon. Rare.

686 — La même estampe.

> Très-belle épreuve du quatrième état, la clef rétablie et la femme sans bonnet, sur papier du Japon. Rare.

687 — Femme nue assise sur une butte. (B. 198). Cl. 195.

> Très-belle épreuve. (Collection Böhm.)

688 — Femme au bain. (B. 199). Cl. 196.

> Superbe épreuve tirée sur papier du Japon.

689 — Femme nue, les pieds dans l'eau. (B. 200). Cl. 197.

> Superbe épreuve avec beaucoup de manière noire.

690 — Vénus au bain. (B. 201). Cl. 198.

> Superbe épreuve. (Collections J. Camesina et Böhm.)

691 — La Femme à la flèche. (B. 202). Cl. 199.

> Superbe épreuve avec beaucoup de barbes. Extrêmement rare. (Collection Böhm.)

692 — Antiope et Jupiter en satyre. (B. 203). Cl. 200.

> Superbe épreuve du premier état, avant l'inscription dans le haut, tirée sur papier du Japon.

693 — Femme nue dormant. (B. 204). Cl. 201.

> Très-belle épreuve du deuxième état, avec les bords de la planche raboteux et irréguliers.

HUITIÈME CLASSE.

PAYSAGES.

694 — Le grand Arbre à côté de la maison. (B. 207). Cl. 204.

> Belle épreuve d'un morceau rarissime.

695 — Le Pont de Six. (B. 208). Cl. 205.

> Très-belle épreuve. Rare. (Collection Böhm.)

696 — Vue d'Omval, près d'Amsterdam. (B. 209). Cl. 206.

> Très-belle épreuve.

697 — Vue ancienne d'Amsterdam. (B. 210). Cl. 207.

> Très-belle épreuve ; elle a une petite marge.

698 — Le Chasseur. (B. 211). Cl. 208.

> Superbe épreuve, sans la maison et le grenier à foin à gauche, avec beaucoup de barbes.

699 — La même estampe.

> Très-belle épreuve, aussi sans la maison et le grenier à foin à gauche, avec un peu moins de barbes.

700 — Le Paysage aux trois arbres. (B. 212). Cl. 209.

> Magnifique épreuve d'un des plus beaux paysages de Rembrandt. De la plus grande rareté. (Collection Aylesford.)

701 — Le Paysage au carrosse. (B. 215). Cl. 202.

Très-beau paysage lavé à l'encre de Chine et au bistre, par Rembrandt. D'une extrême rareté. (Collection J. Barnard et Aylesford.)

702 — L'Homme au lait. (B. 213). Cl. 210.

Contre-épreuve extrêmement rare de ce paysage.

703 — Le Paysage aux trois chaumières. (B. 217). Cl. 214.

Superbe épreuve du troisième état, avec les travaux à la pointe sèche non ébarbés et d'un effet très-brillant. (Collections Wolter breck, Van den Zande et de Férol.)

704 — Le Paysage à la tour carrée. (B. 218). Cl. 215.

Superbe épreuve du deuxième état. (Collection Böhm.)

705 — Le Paysage au dessinateur. (B. 209). Cl. 216.

Très-belle épreuve avec marge. (Collection Böhm.)

706 — Le Berger et sa famille. (B. 220). Cl. 217.

Très-belle épreuve d'un morceau rare. (Collections J. Camesina et Böhm.)

707 — Le Canal. (B. 221). Cl. 218.

Belle épreuve.

708 — Le Paysage à la tour. (B. 223). Cl. 220.

Superbe épreuve du deuxième état. (Collections Debois et de Férol.)

709 — La Grange à foin. (B. 224). Cl. 221.

Superbe épreuve avec beaucoup de barbes. (Collection Böhm.)

710 — La Chaumière et la Grange à foin. (B. 225). Cl. 222.

Belle épreuve.

711 — La Chaumière au grand arbre. (B. 226). Cl. 223.

Très-belle épreuve. (Collection Böhm.)

712 — L'Obélisque. (B. 227). Cl. 224.

Superbe épreuve, sur papier du Japon, tirée de la planche non ébarbée, avec une petite marge. (Collection Aylesford.)

713 — La Barque à la voile. (B. 228). Cl. 225.

Très-belle épreuve. (Collection Bóhm.)

714 — Paysage aux deux allées. (B. 230). Cl. 227.

Superbe épreuve. De la plus grande rareté.

715 — L'Abreuvóir. (B. 231). Cl. 228.

Très-belle épreuve avec marge.

716 — La Chaumière entourée de planches. (B. 232). Cl. 229.

Très-belle épreuve avec de la marge. (Collection de Férol.)

717 — Le Moulin de Rembrandt. (B. 233). Cl. 230.

Superbe épreuve avec les taches de vernis très-apparentes. (Collection Bóhm.)

718 — La Campagne du Peseur d'or. (B. 234.) Cl. 231.

Très-belle épreuve. (Collection Bóhm.)

719 — Le Canal avec les Cygnes. (B. 235.) Cl. 232.

Superbe épreuve. (Collection Bóhm.)

720 — Le Paysage au bateau. (B. 236.) Cl. 233.

Magnifique épreuve avec beaucoup de barbe. (Collections J. Camesina et Bóhm.)

721 — L'Abreuvoir de la vache. (B. 237.) Cl. 234.

Très-belle épreuve.

722 — Petit Paysage, gravé d'une pointe fine et légère, attribué à Rembrandt; au milieu, un moulin à vent; au fond, à gauche, une petite barque à voile, et sur le devant, du même côté, un grand arbre.

Pièce douteuse. Cl. 64. Extrêmement rare.

NEUVIÈME CLASSE.

PORTRAITS D'HOMMES.

723 — Homme sous une treille. (B. 257.) Cl. 254.

Belle épreuve.

724 — Vieillard portant la main à son bonnet. (B. 259.) Cl. 256.

Belle épreuve du 1er état, avant que le morceau ait été retouché par Schmidt.

725 — Vieillard à grande barbe. (B. 260.) Cl. 257.

Très-belle épreuve du 1er état, la planche plus large, avec l'année et les angles aigus. Rare.

726 — La même estampe.

Très-belle épreuve de la planche réduite.

727 — Homme avec chaîne et croix. (B. 261.) Cl. 258.

Superbe épreuve du 2e état, avant le prolongement des travaux dans le fond jusqu'au bord supérieur de la planche. Rare. (Collection Denon.)

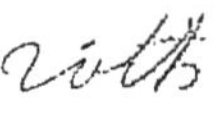

728 — Vieillard à grande barbe et bonnet fourré. (B. 262.) Cl. 259.

Superbe épreuve.

729 — Homme à barbe courte et bonnet fourré. (B. 263.) Cl. 260.

Superbe épreuve du 1er état, la planche plus grande et avec la main; elle a une petite marge. Très-rare. (Collection du comte de Fries.)

730 — La même estampe.

Belle épreuve de la planche réduite.

731 — Portrait de Jean-Antoine Vander Linden. (B. 263.) Cl. 261.

Superbe épreuve du 2ᵉ état, sur papier de Chine, avant que les deux balustres aient été profilés par un trait noir, qui détermine leur forme. (Collection Aylesford.) Elle a de la marge.

732 — La même estampe.

Belle épreuve du même état. (Collection Aylesford et Hermann Weber.)

733 — Vieillard à barbe carrée. (B. 265.) Cl. 262.

Belle épreuve.

734 — Portrait de Janus Silvius. (B. 266.) Cl. 263.

Superbe épreuve. Très-rare de cette beauté.

735 — Jeune Homme assis et réfléchissant. (B. 268.) Cl. 265.

Très-belle épreuve. Elle a de la marge. (Collection Böhm.)

736 — Portrait de Menassé Ben-Israel. (B. 269.) Cl. 266.

Magnifique épreuve. Très-rare de cette beauté.

737 — Portrait de Faustus. (B. 270.) Cl. 267.

Magnifique épreuve d'un 1ᵉʳ état inconnu à Bartsch et Claussin, avant plusieurs travaux, notamment ceux à la pointe sèche sur l'épaule droite du personnage. Extrêmement rare.

738 — La même estampe.

Superbe épreuve du 2ᵉ état, avec le travail très-léger et très-serré à a pointe sèche, notamment sur l'épaule droite du personnage, mais avant divers autres travaux faits depuis à la planche. (Collection de Férol.)

739 — Portrait de Renier Ansloo. (B. 271.) Cl. 268.

Belle épreuve sur papier de Chine. (Collection du prince de Paar.)

740 — Portrait de Clément de Jonge. (B. 272.) Cl. 269.

Très-rare épreuve du 1er état, sur papier du Japon, avec le haut du fond blanc et avec les tailles écartées qui traversent le dossier du fauteuil. (Collection J. Barnard.)

741 — La même estampe.

Très-belle épreuve.

742 — Portrait de Abraham France. (B. 273.) Cl. 270.

Rare épreuve du 3e état, où l'on ne voit pas distinctement le chapeau sur le banc placé derrière le fauteuil. Sur papier du Japon.

743 — La même estampe.

Superbe épreuve du 4e état, sur papier du Japon, avant les tailles horizontales sur les arbres, et avant divers changements faits depuis à la planche. Cette épreuve porte, au verso, la signature de P. Mariette, 1673.

744 — Portrait du vieux Haaring. (B. 274.) Cl. 271.

Très-belle épreuve d'un des plus beaux portraits de Rembrandt. De la plus grande rareté. (Collection J. Barnard et Edward Astley.)

745 — Portrait du jeune Haaring. (B. 275.) Cl. 272.

Très-belle épreuve du 2e état, avant le tableau dans le fond. Très rare. (Collection E. Utterson.)

746 — Portrait de Jean Lutma. (B. 276.) Cl. 273.

Magnifique épreuve du 1er état, avant la croisée dans le fond et avant les noms de Lutma et de Rembrandt. Extrémement rare. (Collection J. Barnard et J. J. Johnson.)

747 — La même estampe.

Superbe épreuve du 2e état, avec la croisée et les noms.

748 — Portrait de Jean Asselin. (B. 277.) Cl. 274.

Très-belle épreuve du 2e état, sur papier du Japon, avec quelques restiges de tailles dans le fond et fort chargée de manière noire. (Collection J. Barnard.)

749 — La même estampe.

Très-belle épreuve.

750 — Portrait du Docteur Ephraïm Bonus, dit le Juif à la rampe. (B. 278.) Cl. 275.

Superbe épreuve du 2ᵉ état. Elle est remargée.

751 — Portrait de Wtenbogardus. (B. 279.) Cl. 276.

Très-belle épreuve, avec de la marge.

752 — Portrait de Jean Silvius. (B. 280.) Cl. 277.

Très-belle épreuve. (Collection du prince de Paar.)

753 — Portrait du petit Coppenol. (B. 282.) Cl. 279.

Superbe épreuve du 2ᵉ état, avec le compas et les équerres; l'œil de bœuf y est distinct. Très-rare. (Collection Aylesford.)

754 — La même estampe.

Belle épreuve du 4ᵉ état, avec le tableau effacé et dont on voit encore quelques vestiges.

755 — Portrait du grand Coppenol. (B. 283.) Cl. 280.

Superbe épreuve, très-chargée de barbes. (Collections Ackermann et Samuel Festetits.)

756 — Portrait du Bourgmestre Six. (B. 285.) Cl. 282.

Superbe épreuve du 2ᵉ état, avec le nom du maître, Rembrandt, f. 1647, les chiffes 6 et 4 placés à rebours, dans la marge à droite, mais avant les nom et prénom du personnage dans lamarge à gauche. De la plus grande rareté. Elle porte au verso la signature de dom Artaria, et elle provient de la collection de Férol, où elle a été vendue *cinq mille cinq cent cinquante francs*, plus le cinq pour cent.

DIXIÈME CLASSE.

TÊTES D'HOMMES DE FANTAISIE.

757 — Première Tête orientale. (B. 286.) Cl. 283.

Superbe épreuve.

758 — Seconde Tête orientale. (B. 287.) Cl. 284.
Superbe épreuve.

759 — Homme en cheveux. (B. 289.) Cl. 286.
Superbe épreuve.

760 — Vieillard à grande barbe. (B. 290.) Cl. 287.
Belle épreuve. (Collection (Ackermann.)

761 — Tête d'homme chauve. (B. 292.) Cl. 289.
Très-belle épreuve de la planche réduite.

762 — Tête d'homme chauve. (B. 294.) Cl. 291.
Belle épreuve avec une petite marge.

763 — Vieillard à la tête chauve. (B. 296.) Cl. 292.
Morceau très finement gravé, Rare. (Collection Poggi.)

764 — Vieillard à la tête chauve. (B. 298.) Cl. 294.
Belle épreuve du 2e état. (Collection Camessina.)

765 — Vieillard sans barbe. (B. 299.) Cl. 295.
Très-belle épreuve. (Collection Hermann Weber.)

766 — Vieillard à barbe courte. (B. 300). Cl. 296.
Superbe épreuve du 1er état, à l'eau-forte pure. Très-rare. Du cabinet Denon.

767 — La même estampe.
Très-belle épreuve du 2e état.

768 — La même estampe.
Très-rare épreuve d'un état *non décrit* entre le second et le troisième.

769 — La même.
Très-belle épreuve du 3e état
Ces quatre épreuves proviennent en dernier lieu de la collection Verstolk de Soelen.

770 — Esclave à grand bonnet. (B. 302.) Cl. 298.
Petit buste extrêmement rare.

771 — Tête d'homme de face. (B. 304.) Cl. 300.
Très-belle épreuve.

772 — Homme à bouche de travers. (B. 305.) Cl. 301.
Très-belle épreuve.

773 — Vieillard chauve à courte barbe. (B. 306.) Cl. 302.
Superbe épreuve avec les bords irréguliers et raboteux. (Collection W. Esdaile.)

774 — La même estampe.
Belle épreuve.

775 — Homme avec bonnet. (B. 307.) Cl. 303.
Très-belle épreuve d'un morceau rare. (Collection Aylesford.)

776 — Vieillard à grande barbe blanche. (B. 309). Cl. 305.
Superbe épreuve. Très-rare.

777 — Jeune homme à mi-corps. (B. 310). Cl. 306.
Très-belle épreuve avec le fond grate.

778 — Homme avec chapeau à grands bords. (B. 311). Cl. 307.
Très-belle épreuve. (Collection de Férol.)

779 — La même estampe.
Belle épreuve (Collection Camesina.)

780 — Vieillard à grande barbe. (B. 342). Cl. 308.
Belle épreuve.

781 — Vieillard à barbe carrée. (B. 313). Cl. 309.
Superbe épreuve.

782 — La même estampe.

Très-belle épreuve, avec une petite marge.

783 — Vieillard à barbe pointue. (B. 315). Cl. 311.

Superbe épreuve du 1er état, avant le monogramme du maître et l'année. Très-rare en cet état.

784 — Homme à moustaches et à grand bonnet. (B. 321). Cl. 314.

Très-belle épreuve du 1er état; la planche plus grande, et les bords irréguliers et raboteux. Extrêment rare.

785 — Vieillard à tête chauve. (B. 324). Cl. 317.

Très-belle épreuve, portant au verso la signature P. Mariette, 1663.

786 — Vieillard à barbe carrée fort large. (B. 325). Cl. 318.

Belle épreuve. (Collection Aylesford.)

787 — Tête grotesque. (B. 326). Cl. 319.

Belle épreuve.

788 — Autre petite tête grotesque. (B. 327). Cl. 320.

Morceau rare. (Collection du prince de Paar.)

789 — Buste d'un jeune homme en bonnet orné de plumes. (B. 331). Cl. 323.

Très-belle épreuve d'un morceau fort rare.

790 — Nègre blanc. (B. 339). Cl. 329.

Superbe épreuve, avec le fond sale, et portant au verso la signature P. Mariette 1693. De la plus grande rareté.

ONZIÈME CLASSE.

PORTRAITS DE FEMMES.

791 — La grande Mariée Juive. (B. 340). Cl. 330.

Superbe épreuve du 3e état, avec la tache noirâtre qui se trouve sur la partie claire de la joue gauche. Extrêmement rare de cette beauté.

792 — Étude pour la grande Mariée Juive. (B. 341). Cl. 331.

Superbe épreuve.

793 — La petite Mariée Juive. (B. 342). Cl. 332.

Superbe épreuve, avec les parties terminées à la pointe sèche chargées de barbes.

794 — Vieille femme assise. (B. 343). Cl. 333.

Très-belle épreuve, avant que la planche ait été coupée en ovale et portant; au verso, la signature P. Mariette, 1671.

795 — Autre vieille femme assise. (B. 344). Cl. 334.

Très-belle épreuve tirée sur papier de Chine.

796 — La Liseuse. (B. 345). Cl. 335.

Superbe épreuve, avant que le nez ait été grossi et allongé. Très-rare; elle a une petite marge.

797 — La même estampe.

Très-belle épreuve.

798 — Femme coiffée en cheveux, (B. 347). Cl. 337.

Belle épreuve d'une estampe rare. (Collection Aylesford.)

799 — Vieille femme coiffée à l'orientale. (B. 348). Cl. 338.

Ce morceau, gravé d'une pointe fine et délicate, est presque toujours faible d'épreuve.

800 — Buste de la mère de Rembrandt. (B. 349). Cl. 339.

Très-belle épreuve.

801 — Vieille qui dort. (B. 350). Cl. 340.

Superbe épreuve d'un morceau recherché. (Collection Aylesford.)

802 — Vieille bien caractérisée, regardant en bas. (B. 351). Cl. 341.

Très-belle épreuve. (Collection De Férol.)

803 — Vieille à bouche pincée. (B. 352). Cl. 342.

Superbe épreuve.

804 — Buste de vieille d'un beau caractère. (B. 353). Cl. 343.

Très-belle épreuve.

805 — Vieille avec voile noir. (B. 355). Cl. 345.

Très-belle épreuve du 2ᵉ état, avant que le voile ait été entièrement ombré, et avant que l'épaule ait été couverte d'une troisième taille perpendiculaire. (Collection du prince de Paar.)

806 — La même estampe.

Très-belle épreuve du 3ᵉ état.

807 — Jeune fille avec un panier. (B. 356). Cl. 346.

Belle épreuve.

808 — Mauresse blanche. (B. 357). Cl. 347.

Très-belle épreuve.

809 — Tête de femme. (B. 358). Cl. 348.

Superbe épreuve.

DOUZIÈME CLASSE.

ÉTUDES DE TÊTES ET GRIFFONNEMENTS.

810 — Griffonnements, où se voit la tête de Rembrandt. (B. 363). Cl. 353.

Superbe épreuve du 2ᵉ état de la planche réduite. Le premier est presque unique.

811 — Feuille avec six têtes, au milieu desquelles est le portrait de la femme de Rembrandt. (B. 365). Cl. 355.

Très-belle épreuve.

812 — Études de trois têtes de femmes. (B. 367). Cl. 357.

Très-rare et superbe épreuve d'un état non décrit entre le 1er et le 2°, le fond de la planche rempli de traits.

813 — La même estampe.

Très-belle épreuve du 2° état. (Collection J. Barnard.)

814 — Trois têtes de femmes, dont une qui dort. (B. 368). Cl. 358,

Superbe épreuve du 1er état, avant les travaux repris au burin dans les parties ombrées. (Collection de Férol.)

815 — Griffonnements gravés sur différents sens de la planche. (B. 369). Cl. 359.

Superbe épreuve. Extrêmement rare. (Collections du prince de Paar et de Férol.)

816 — Griffonnements peu terminés, où se voit la tête de Rembrandt. (B. 370). Cl. 360.

Superbe épreuve d'une pièce rare.

817 — Griffonnements avec un arbre. (B. 372). Cl. 362.

Très-belle épreuve d'une pièce rare. (Collection de Férol.)

818 — Vieillard avec bonnet.

Superbe épreuve d'un morceau très-rare attribué à Rembrandt et portant son nom. (Collection W. Esdaile.)

RENI (Guido)

820 — La Vierge avec l'Enfant Jésus. (B. 1).

Très-belle épreuve.

821 — Sainte Famille. (B. 10.)

Très-belle épreuve. (Collection Gawet.)

822 — L'Enfant Jésus et saint Jean. (B. 12.)

Très-belle épreuve.

823 — Jésus-Christ mis au tombeau, d'après le Parmesan.
(B. 46.)

Très-belle épreuve. (Collection Gawet.)

RIBERA (JOSEPH), dit l'ESPAGNOLET

824 — Le Corps mort de Jésus-Christ. (B. 1.)

Très-belle épreuve.

825 — Ssint Jérôme lisant. (B. 3.)

Très-belle épreuve.

826 — Saint Jérôme. (B. 5.)

Très-belle épreuve avec les coulures d'eau-forte très-apparentes.

827 — Le Martyre de saint Barthélemy. (B. 6.) — Ce morceau est le plus beau de l'œuvre du maître.

Magnifique et très-rare épreuve portant la signature de P. Mariette 1677. (Collection du chevalier D***.)

828 — Saint Pierre. (B. 7.)

Superbe épreuve du 1er état, avant l'inscription F. V. Wyn, dans
la marge du bas, et avant les angles du cuivre arrondis.

829 — Tête d'homme. (B. 8.)

Belle épreuve du 1er état, avant l'inscription F. V. Wyn, dans la
marge d'en bas.

830 — Le Poëte. (B. 10.)

Superbe épreuve.

831 — Le Centaure et le Triton.

Pièce rare.

832 — Le Satyre fouetté. (B. 12.)

Pièce rare.

833 — Silène. (B. 13.)

Superbe et très-rare épreuve du premier état, avant la dédicace à Joseph Balsamo.

834 — Etude d'yeux. (B. 15.)

Belle épreuve.

835 — Etude de bouches et de nez. (B. 16.)

Belle épreuve.

836 — Etudes d'oreilles.

Morceau inconnu à Bartsch. Très-rare et superbe épreuve du premier état, avant le nom du maître.

RODERMONT (M.)

837 — Jacob et Esaü. (B. 77.) Cl. 85.

Très-belle épreuve.

838 — Le Suppliant. (B. 78.) Cl. 85.

Superbe épreuve d'une estampe fort rare. (Collection W. Esdaile.

ROOS (Jean-Henri)

Bartsch, Peintre-Graveur, t. I, p. 131.

839 — Différents moutons et chèvres. (B. 1 à 9.)

Suite de neuf estampes. Magnifiques épreuves du premier état, avant divers travaux ajoutés par le maître. Cette suite est la plus belle de l'œuvre. Très-rare.

840 — Différents moutons et chèvres. (B. 10 à 17.) Suite de huit estampes.

Superbes épreuves avant les numéros, avant divers travaux ajoutés par le maître et avant l'adresse de J. de Ram. De la plus grande rareté.

841 — Les Moutons et l'arcade en ruines. (B. 11.)

Très-belle épreuve avant le numéro ; elle a de la marge.

842 — Le Bélier et les deux moutons. (B. 13.)

Superbe épreuve avant le numéro.

843 — La Haie. (B. 14.)

Très-belle épreuve avant le numéro.

844 — La même estampe. (B. 14.)

Très-belle épreuve avant le numéro.

845 — Différents animaux. (B. 18 à 30). Suite de treize estampes, y compris le titre.

Magnifiques épreuves du 1er état avec le titre en allemand qui a été supprimé dans les secondes épreuves, avant les numéros et avant les inscriptions sur les 19e et 25e pièces. Extrêmement rares en cet état. (Collection Gawet.)

846 — L'Ane et les moutons. (B. 28.)

Superbe épreuve avant le numéro.

847 — La Bergère. (B. 31.)

Superbe épreuve du 1er état, avant le coin supérieur gauche arrondi et avant le trait échappé, près de la croisée qui se voit au haut de la ruine à droite. Etat non décrit par Bartsch. De la plus grande rareté.

ROTA (Martin)

Bartsch, Peintre-Graveur, t. XVI, p. 248.

848 — Le Jugement universel, gravé d'après la célèbre peinture de Michel-Ange qui est au Vatican. (B. 28.)

Très-belle épreuve.

RUYSDAEL (Jacques)

Bartsch, Peintre-Graveur, t. I, p. 309.

849 — Le Petit-Pont. (B. 1.)

Magnifique épreuve à l'eau-forte pure et avant les travaux dans le ciel. Etat non décrit par Bartsch. De la plus grande rareté.

850 — La même estampe.

Très-belle épreuve.

851 — Les deux Paysans et leur chien. (B. 2.)

Magnifique épreuve à l'eau-forte pure, avant les nuages et les retouches du maître. Etat non décrit par Bartsch. Extrêmement rare à trouver de cette qualité.

852 — Les Voyageurs (B. 4.)

Admirable épreuve avant les nuages et où le ciel, à droite, n'est indiqué que par de légers travaux, avec des retouches au pinceau, probablement de la main du maître. Cet état est le même que Bartsch décrit dans son ouvrage, p. 314 et 315. comme l'ayant vu dans le cabinet de M. le comte de Fries, et qu'il indique extrêmement rare.

853 — Le Champ bordé d'arbres. (B. 5.)

Superbe épreuve du 1er état, avant des travaux au burin que l'on distingue particulièrement dans le tronc d'arbre renversé, avant le nom de Ruysdaël fecit, qui se voit au haut de la droite et avant l'adresse de F. V. W. *excud.* (c'est-à-dire Franciscus van Wyngaerde *excudit*), au bas du même côté. De la plus haute rareté.

854 — La même estampe.

Très-belle épreuve du 2e état, avec toutes les différences que nous avons indiquées dans l'état précédent. Rare.

855 — Le Bouquet de trois chênes. (B. 6.)

Très-rare et superbe épreuve à l'eau-forte pure, avant l'adresse de Fr. W. *excud.* et avec la bordure légèrement indiquée. Etat non décrit par Bartsch.

856 — La même estampe.

Magnifique épreuve avec la bordure renforcée et avec l'adresse de F. V. W. *excud.*, qui se voit au bas, à gauche de l'estampe. Il est très-difficile de trouver des épreuves de cette beauté.

SAFF-LEVEN (HERMAN)

Bartsch, Peintre-Graveur, t. I, p. 241.

857 — L'homme monté sur un âne. (B. 13.)

Magnifique épreuve.

858 — Le Pays montueux. (B. 17.)

Superbe épreuve d'une estampe rare.

859 — Le Porcher. (B. 30.)

Très-belle épreuve d'une des pièces les plus capitales du maître. Très rare.

860 — La Femme trayant la vache. (B. 34.)

Ancienne et belle épreuve.

861 — Le chemin par-dessus la montagne. (B. 32.)

Magnifique épreuve de ce beau paysage dont Bartsch n'a décrit que la copie qui est en contre-partie. La marque du maître se voit au milieu du bas de l'estampe. De la dernière rareté.

SART (CORNEILLE DU)

Bartsch, Peintre-Graveur, t. V, p. 463.

862 — Le Couple ivre. (B. 7.) Page 465.

Très-belle épreuve.

863 — Le Joueur de violon debout. (B. 8.)

Superbe épreuve d'une des plus jolies pièces du maître. Très-rare.

864 — Le Cordonnier renommé. (B. 14.)

Magnifique épreuve avant la lettre, dans la marge du bas. Extrêmement rare.

865 — La même estampe.

Très-belle épreuve.

866 — Le Violon assis. (B. 15.)

Superbe épreuve avec les travaux à la roulette très-apparents.

867 — La Fête de village. (B. 16.)

Superbe épreuve.

SCHONGAUER (Martin)

Bartsch, Peintre-Graveur, t. VI, p. 103.

868 — La Vierge recevant l'Annonciation. (B. 2.)

Superbe épreuve.

869 — L'Annonciation. (B. 3.)

Magnifique épreuve. Très-rare de cette beauté.

870 — La Nativité de Jésus-Christ. (B. 5.)

Très-belle épreuve ; elle est doublée.

871 — Le Baptême de Jésus-Christ. (B. 8.)

Superbe épreuve.

872 — La Flagellation. (B. 12.)

Superbe épreuve. (Collection de Férol.)

873 — Le Couronnement d'épines. (B. 13.)

Superbe épreuve. (Collections J. Crawhall et Maberly.)

874 — Jésus-Christ devant Pilate. (B. 14.)

Superbe épreuve.

875 — Jésus-Christ présenté au peuple. (B. 15.)

Belle épreuve ; elle est doublée.

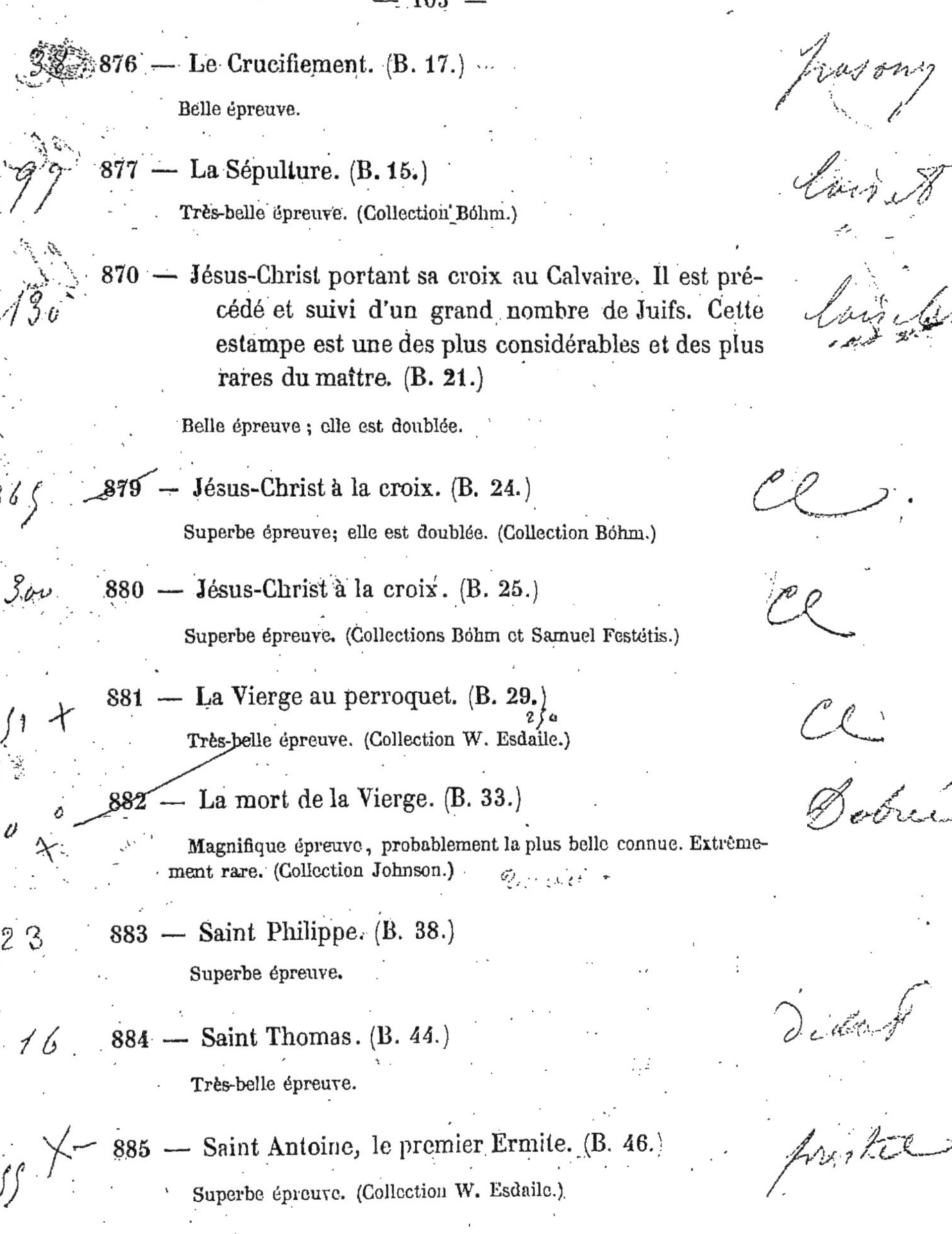

876 — Le Crucifiement. (B. 17.)

Belle épreuve.

877 — La Sépulture. (B. 15.)

Très-belle épreuve. (Collection Böhm.)

870 — Jésus-Christ portant sa croix au Calvaire. Il est précédé et suivi d'un grand nombre de Juifs. Cette estampe est une des plus considérables et des plus rares du maître. (B. 21.)

Belle épreuve ; elle est doublée.

879 — Jésus-Christ à la croix. (B. 24.)

Superbe épreuve; elle est doublée. (Collection Böhm.)

880 — Jésus-Christ à la croix. (B. 25.)

Superbe épreuve. (Collections Böhm et Samuel Festétis.)

881 — La Vierge au perroquet. (B. 29.)

Très-belle épreuve. (Collection W. Esdaile.)

882 — La mort de la Vierge. (B. 33.)

Magnifique épreuve, probablement la plus belle connue. Extrêmement rare. (Collection Johnson.)

883 — Saint Philippe. (B. 38.)

Superbe épreuve.

884 — Saint Thomas. (B. 44.)

Très-belle épreuve.

885 — Saint Antoine, le premier Ermite. (B. 46.)

Superbe épreuve. (Collection W. Esdaile.)

886 — Saint Antoine tourmenté par les Démons et porté en l'air. (B. 47.)

Magnifique épreuve de la plus grande rareté, d'un état non décrit par Bartsch ; elle est avant la prolongation des petits traits horizontaux jusqu'au milieu de l'estampe à gauche, et avant plusieurs autres intercalés dans le haut. Très-bien conservée, mais remargées (Cette même épreuve a été vendue 2,500 fr. à la vente du chevalier D..., de Milan.)

887 — Saint Christophe. (B. 48.)

Très-belle épreuve.

888 — Saint Étienne. (B. 49).

Très-belle épreuve.

889 — Saint Georges. (B. 50).

Très-belle épreuve.

890 — Saint Martin. (B. 57).

Superbe épreuve.

891 — Saint Michel. (B. 58).

Très-belle épreuve.

892 — Saint Sébastien. (B. 59).

Belle épreuve.

893 — Sainte Agnès. (B. 62).

Très-belle épreuve.

894 — Sainte Barbe. (B. 63).

Très-belle épreuve.

895 — Sainte Catherine. (B. 64).

Superbe épreuve rare. (Collection W. Esdaile.)

896 — Le Sauveur. (B. 68).

Belle épreuve.

897 — Ecce Homo. (B. 69).

Très-belle épreuve du 1er état, où le monogramme est marqué hors l'arcade, c'est-à-dire sur le pan. Dans les épreuves postérieures, ce monogramme est gravé sur la pierre d'appui, près du bout de la draperie de la Vierge. (Collection Debois.)

898 — Dieu assis sur le Trône. (B. 70).

Belle épreuve.

899 — La Vierge sur un Trône auprès de Dieu. (B. 71.)

Très-belle épreuve.

900 — Dieu couronnant la Sainte Vierge. (B. 72.)

Belle épreuve.

901 — La Première des Vierges Sages. (B. 77.)

Superbe épreuve. (Collection W. Esdaile.)

902 — La Troisième des Vierges Sages. (B. 79.)

Superbe épreuve. Elle est doublée.

903 — La Troisième des Vierges Folles. (B. 84.)

Superbe épreuve.

904 — La Quatrième des Vierges Folles. (B. 85.)

Superbe épreuve.

905 — La Cinquième des Vierges Folles. (B. 86.)

Superbe épreuve.

906 — Un Sauvage tenant une massue de la main droite et de l'autre un écu. (B. 103.)

Suberbe épreuve. (Collection du prince de Paar.)

907 — Un Sauvage tenant un bâton. (B. 104.)

Superbe épreuve.

908 — La Crosse. (B. 106.)

Superbe épreuve. Très-rare.

909 — Rinceau d'ornements, au hibou. (B. 108.)

Superbe épreuve. (Collection Böhm.)

910 — Rinceau d'ornements. (B. 111.)

Superbe épreuve.

STAR (Dirck ou Thierry Van), dit le Maître a l'Étoile)

Bartsch, Peintre-Graveur, t. VIII, p. 26.

911 — Jésus-Christ appelant à lui saint Pierre et saint André, 1523. (B. 3.)

Belle épreuve.

912 — Jésus-Christ tenté par le Démon. (B. 5.)

Très-belle épreuve.

SWANEWELT ou SUANEVELT

(dit Herman d'Italie)

Bartsch, Peintre-Graveur, t. II, p. 249.

913 — Diverses vues dedans et dehors de Rome, dessinées par Herman Van Swanevelt, dédiées aux vertueux, avec privilége du roi, 1653. (B. 53-65.)

Premières et très-belles épreuves du 1er état, avec l'adresse du maître.

TENIERS (David)

914 — Portrait d'un vieillard à grande barbe, représenté à mi-corps et assis, tourné à droite devant une croisée. Les initiales du maître se voient au bas d'une croisée sur laquelle est un sablier.

Pièce rare.

UDEN (Lucas Van)

Bartsch, Peintre-Graveur, t. V. p. 13.

915 — Paysage. Sur le devant, à gauche, deux hommes occupent le milieu d'une petite colline. (B. 8.)
Très-belle épreuve.

916 — Paysage avec une rivière coulant du bas de la gauche
vers le lointain à droite. Au milieu de l'estampe
on remarque le clocher d'une église. (B. 11.)
Superbe épreuve.

917 — Paysage où l'on voit, à gauche, un canal. (B. 23.)
Très-belle épreuve.

918 — Paysage avec une autre vue d'un canal. (B. 25.)
Superbe épreuve.

919 — Un Village environné d'arbres. (B. 35.)
Très-belle épreuve.

920 — Paysage, d'après le Titien. (B. 53.)
Superbe épreuve.

ULIET (Jean-Georges Van)

921 — Loth et ses filles, d'après Rembrandt. (B. 1.) Cl. 1.
Très-belle épreuve.

922 — Saint Jérôme, d'après Rembrandt. (B. 13.) Cl. 13.
Belle épreuve. (Collection Camosina.

923 — Buste d'homme, d'après Rembrandt. (B. 19.) Cl. 19.
Superbe épreuve du 1er état

924 — Buste d'un oriental, d'après Rembrandt. (B. 20.)
Cl. 20.
Superbe épreuve du 1er état.

925 — Buste d'homme riant, d'après Rembrandt. (B. 21.) Cl. 21.

Superbe épreuve du 1er état.

926 — Homme affligé, d'après Rembrandt. (B. 22.) Cl. 22.

Superbe épreuve du 1er état.

927 — Buste de vieillard, d'après Rembrandt. (B. 28.) Cl. 23.

Superbe épreuve du 1er état.

928 — Buste d'un oriental, d'après Rembrandt. (B. 24.) Cl. 24.

Superbe épreuve du 1er état.

929 — Jésus chez Nicodème.

Superbe épreuve d'une estampe non décrite. (Collection Verstolk de Soelen.)

VELDE (Adrien Van de)

Bartsch, Peintre-Graveur, t. I, p. 208.

930 — Différents animaux. (B. 1 à 10.) Suite de dix estampes.

Très-belles épreuves du 1er état avant l'adresse de Just. Dankers.

VLEIGEN (Simon de)

Bartsch, Peintre-Graveur, t. I, p. 19.

931 — Les Pêcheurs. (B. 10.)

Magnifique épreuve.

932 — Les Pourceaux gras. (B. 16.)

Très-belle épreuve.

VISSCHER (CORNEILLE)

933 — Portrait d'André Deonyzoon-Winius, dit l'*Homme au pistolet*.

Superbe épreuve avec le nom du personnage dans la marge du bas, et les dix vers de Vondel en langue hollandaise, ajoutés au-dessous du titre par une planche accessoire, avec le chiffre 1,000 sur le tonneau et l'inscription sur le papier. Extrêmement rare.

934 — Portrait de Vondel, célèbre poëte hollandais.

Première épreuve avec la statue du faune que l'on voit au haut de la gauche qui a été changée par celle de la Foi dans les épreuves postérieures, avec le nom de Vischer sur la tablette qui est vers la gauche, sous les livres, remplacé depuis par une tête de faune, avant l'inscription sur le papier que tient le personnage, et avant la lettre. De la dernière rareté. (Collection Verstolk de Soelen.)

935 — Portrait de Copenol.

Très-belle et rare épreuve avant la lettre. (Collection du chevalier D***.)

936 — Deux enfants dont l'un tient une chandelle allumée et l'autre une ratière. (Pièce nommée les enfants à la souricière.)

Superbe épreuve.

WAEL (JEAN-BAPTISTE DE) LE VIEUX

Bartsch, Peintre-Graveur, t. V, p. 1.

937 — Paysans italiens assis autour d'une table, devant une auberge A droite, un jeune garçon et une jeune fille sont assis sur un tronc d'arbre renversé.

Très-belle épreuve à l'eau-forte pure d'une pièce non décrite par Bartsch.

WIÉRIX (JÉROME)

938 — Le Jugement dernier, d'après la célèbre peinture de Michel-Ange, qui est dans la chapelle Sixtine à Rome.

Magnifique épreuve avant la lettre. Presque unique en cet état.

WYCK (THOMAS)

Bartsch, Peintre-Graveur, tome IV, p. 139.

939 — La Fileuse au fuseau. (B. 1).
Très-belle épreuve.

940 — L'Homme ajustant sa chaussure. (B. 4).
Belle épreuve.

941 — La Forge. (B. 9).
Très-belle épreuve.

942 — Le Mendiant qui danse. (B. 11).
Superbe épreuve.

943 — Les Cuisinières près du puits. (B. 13).
Superbe épreuve.

944 — La Femme portant deux paniers. (B. 14).
Très-belle épreuve.

ZAGEL ou ZINK (MARTIN)

945 — Salomon adorant les idoles.
Superbe épreuve.

946 — Saint Christophe. (B. 7).
Superbe épreuve.

947 — Sainte Ursule. (B. 10).

Belle épreuve.

948 — Le grand Bal. (B. 13).

Superbe épreuve d'une des pièces les plus capitales du maître
(Collection Wilson et W. Esdaile.)

949 — L'Embrassement. (B. 15).

Superbe épreuve.

950 — Lueur et obscurité. (B. 21).

Belle épreuve.

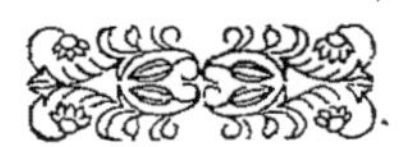

RENOU et MAULDE, imprimeurs de la Compagnie des Commissaires-Priseurs,
rue de Rivoli, 144.   605